JN196159

# SDGs
# とは何か?

世界を変える17のSDGs目標

安藤 顯【著】

三和書籍

## SDGs の 17「目標」のアイコン一覧

# 持続可能な地球環境・資源、人類社会を目指す

SUSTAINABLE DEVELOPMENT GOALS

9 産業と技術革新の基盤をつくろう

10 人や国の不平等をなくそう

11 住み続けられるまちづくりを

12 つくる責任つかう責任

5 ジェンダー平等を実現しよう

6 安全な水とトイレを世界中に

7 エネルギーをみんなにそしてクリーンに

8 働きがいも経済成長も

SUSTAINABLE
DEVELOPMENT
GOALS

2030年に向けて
世界が合意した
「持続可能な開発目標」です

# はしがき

ＳＤＧｓと聞いても何の事かわからない方がたくさんいらっしゃると思います。英語の略語で、実際の業務を示す言葉としては、従来からある程度認識されていましたが、用語としては、多くの人々にとって耳慣れてはいないでしょう。市の図書館に行ってＳＤＧｓ関連の本の閲覧を申し込んでも、貸し出し中で閲覧できないとのお返事をいただく場合が多く、ＳＤＧｓに対する関心の大きさがわかります。ＳＤＧｓの知識を得ようとしても関係書籍を手に取れない方々に、ＳＤＧｓをご理解いただけるようご用意したのが本書です。

ＳＤＧｓの歴史的経緯ですが、１９７２年に採択された「ストックホルム宣言」や民間の研究機関ローマクラブによって発表された「成長の限界の報告」に端を発します。人類の存亡に関わる大問題に対処するため、国連をはじめとした諸機関がさまざまな活動をして、２０１５年に１９０を超える国連加盟国によって採択され、スタートしたのが、２０３０アジェンダ・「持続可能な開発目標＝ＳＤＧｓ」です（第Ⅰ章を参照）。

ＳＤＧｓとは、Sustainable Development Goalsを略したもので、「持続可能な開発目標」

を意味します。そして「持続可能な地球環境・資源、人類社会」ともいわれています。それはわが国と世界中の国の人々の生活・人生、さらに広く地球の環境・資源の持続可能性を担保しようとするものです。

ＳＤＧｓに設定された「持続可能な」目標は次のとおりです（第Ⅱ章参照）。

1貧困をなくそう　2飢餓をゼロに　3すべての人に健康と福祉を
4質の高い教育をみんなに　5ジェンダー平等を実現しよう
6安全な水とトイレを世界中に　7エネルギーをみんなに そしてクリーンに
8働きがいも（経済成長も）　9産業と技術革新の基盤をつくろう
10人や国の不平等をなくそう　11住み続けられるまちづくりを
12つくる責任 つかう責任　13気候変動に具体的対策を
14海の豊かさを守ろう　15陸の豊かさも守ろう
16平和と公正をすべての人に　17パートナーシップで目標を達成しよう

以上の17の目標に合わせて１６９のターゲットが、具体的行動指針として用意されています。

ＳＤＧｓに対する世の中の関心はとても大きく、経産省では『ＳＤＧｓ 経営ガイド』をすでに発行しています。さらに、ＳＤＧｓの事業推進イニシアティブのゴールを設定し、企業・事業団体がＳＤＧｓを経営・戦略の中に取り入れることを指導するとの方針を打ち出しています。

また、文科省関係としても、多くの国公私立大学、高等学校、小・中学校で、この問題の検討・研究に入っているのです。このような学校での研究や発表は、次代を担う人々の関心を高め、将来につながるものでとても素晴らしいことと思います。教育界で取り上げる機会を増やし、研究活動を積極的に行えば今後にたいへん期待がもてます。

事例的には、東京大学、岩手大学、三重大学、京都大学、東京工業大学、東北大学、横浜市立日枝小学校、杉並区立浜田山小学校などがあげられ、耳に入るだけでも、何と78の大学、中学校、小学校がＳＤＧｓに関心を寄せているのは、特記すべきことといえます。企業も政治もＳＤＧｓの思想を正しく理解し、その上で適切、かつ積極的に活動を導入すべきです。

ＳＤＧｓの最も基本的な部分は、世界の人々は平等（ＳＤＧｓ10、16）に、生存権（ＳＤＧｓ1、2、6）を有するとの理念を表明していることです。これに付随する多くの目的を遂行するために支援の要素（インフラ）として、ＳＤＧｓ8、9、11、12、17が用意されています。

換言すれば、ＳＤＧｓには、地球環境・社会は、人類にとって侵してはならない公共財産、すなわちグローバルコモンズの対象である、との理念が内包されているということです。

ＳＤＧｓの目標を達成するためには、ＯＤＡ（政府開発援助）やＯＥＣＤ（経済協力開発機構）また、ＧＥＦ（地球環境ファシリティー）の拠出金などによる国際的な支援によって開発を軌道にのせつつ、貧富の差を縮めるのが重要なこととして認識されています。

それとともに、気候変動枠組条約（地球温暖化防止条約）、パリ協定などをさらに発展拡大して、地球環境の保全、資源の有効活用を図りつつ（ＳＤＧｓ13、14、15）、人類社会が「持続性（Sustainability）」をもって続くことが切望されているのです。そのためには、脱原発によって核汚染のない、持続性のある青い、きれいな地球が永続することが強く求められているのです。

地球サスティナビリティを考える会 主宰　安藤顯

SDGsとは何か？　目次

第2節　ＳＤＧｓの17目標と１６９のターゲットの詳細　31

## 第Ⅴ章　17目標のＳＤＧｓに関連する諸研究、その展開　173

# 第Ⅰ章

# SDGsの
# スタートに至る経緯

# 第1節　2030アジェンダ・SDGs17スタートの歴史

ＳＤＧｓとは、Sustainable Development Goals（持続可能な開発目標）の略称で、エス・ディ・ジーズと発音します。ＳＤＧｓについての詳細はこれから順次解説しますが、まず、１９７２年の「ストックホルム宣言」やローマクラブよる「成長の限界の報告」に端を発して、２０１５年の国連による「２０３０アジェンダ・ＳＤＧｓ17」の採択に至るまでの経緯をみてみます。このＳＤＧｓは、人類社会にとって是非とも必要なもので、この仕組みは確かに進められるといえましょう。

レイチェル・カールソンが『沈黙の春』を通じて、農薬などの生態系への影響で鳥が鳴かなくなった春、という出来事から、化学物質の危険性について初めて警告を発したのは今から50年以上前の１９６２年でありました。その後……、

１９７２年　〝かけがえのない地球〟をテーマとした国連人間環境会議で「人間環境宣言（ストックホルム宣言）」を採択。ＵＮＥＰ（UN Environment Program＝国連開発計画）の設立を決議。

１９７２年　民間のシンクタンク（研究機関）である**ローマクラブによる「成長の限界の報告」**。急速な経済成長や人口増加によって生じる環境破壊、食料不足、石油等資源の有限性・枯渇の恐れを警告。

１９７４年　国連主催の世界人口会議で、人口抑制目標を定めて人口対策を実施する「世界人口行動計画」を採択。以降、この会議は10年ごとに開催されるようになった。

１９８７年　１９７４年に国連に設置された「環境と開発に関する世界委員会（ブルントラント委員会）」（ＷＣＥＤ＝World Commission on Environment andDevelopment）が８回の会合を経て「われら共有の未来〝Our Common Future〞」という報告書をまとめる。

１９８８年　国連気候変動に関する政府間パネル（ＩＰＣＣ＝Intergovernmental Panel on Climate Change）の設置。温室効果ガスの増加に伴う地球温暖化の科学的、技術的、そして社会的、経済的な評価を行う。

１９９２年　**環境と開発に関する国連会議**（地球サミット）が、１７２カ国の政府代表が参加してブラジルで開催され、**「環境と開発に関するリオ宣言」**、「アジェンダ21」（21世紀に向けての人類の取り組むべき課題）が採択される。

・**ローマクラブによる〝Beyond the Limits**＝人類はすでに地球の能力の限

界を超えている〟の警告に基づき、

・生物多様性条約　1993年　・気候変動枠組条約　1994年

も採択された。

1993年　国連持続可能な開発委員会（CSD＝Commission on Sustainable Development）の初期機構発足。地球サミットの合意事項のフォローアップが目的。

1997年　第3回気候変動枠組条約締約国会議（COP）において「京都議定書」が採択。

2000年　**国連ミレニアム・サミット**で「国連ミレニアム宣言」を採択。「**ミレニアム開発目標**（**MDGs＝Millennium Development Goals**）を設定。2015年までに達成すべき期限付きゴールとして、

・極度の貧困と飢餓の撲滅　・初等教育の完全普及　・ジェンダーの平等推進

・環境の持続可能性の確保　などをはじめ8つのゴールを決めている。

さらに21のターゲットも決めてあって、

・持続可能性に就いて各国の政策に反映させること　・安全な飲料水と衛生施設を利用出来ない人を2015年までに半減するなどが掲げられている。

これと並行して、利用すべき指標として国連持続可能な開発委員会（CSD）の実行機構が設けられていて、これは環境分野に多くの重点を置き、貧困、健康、

教育、自然災害、生物多様性など多岐にわたっている。

２００２年　持続可能な開発に関する世界首脳会議（ヨハネスブルグ・サミット）が開催され、「持続可能な開発に関するヨハネスブルグ宣言」が採択された。

２００５年　ローマクラブは"The Limits to Growth the Year Update"で、状況は１９７２年より悪化して、将来は悲観的であると報告。

２００６年　ニコラス・スターンによって地球温暖化に関する「スターン報告」が発表された。気候変動への対策の費用はＧＤＰの１％ほどが掛かるが、それを掛けても対策を取らないと、かえって5～20％ほどが掛かるので未然防止の必要性を説いた。この報告の概念はその後活かされるに至った「グリーン経済《エコノミー》（持続可能な開発・発展を実現する経済のあり方）」の土台になるものである。

２００７年　スターン報告に触発されて出されたもう一つの報告書がＴＥＥＢ（The Economics of Ecosystems and Biodiversity＝生態系と生物多様性の経済学）である。それによると、ＵＮＥＰの試算でＧＤＰの２％を地球環境保全に効果的に投資することで、資源効率が高く、気候変動を避けられる社会・経済に移行できる。また、企業としても、環境保全に取り組むＣＳＲ（企業の社会的責任）に力を入れることが、「持続可能な社会の実現」に貢献すると説く。

２００８年　Ｇ８北海道洞爺湖サミットが開催される。気候変動が問題となり、温室効果ガス排出の50％削減が討議された。

２００８年　**世界自然保護基金**（ＷＷＦ＝World Wide Fund for Nature）がＦＦ（エコロジカル・フットプリント＝地球の環境容量をあらわしている指標で生活を維持するのに必要な一人当たりの陸地および水域の面積として示される）と、ＢＣ（バイオキャパシティー＝地球環境が本来持っている生産力や廃棄物の収容力）**の数値**を使って、人間の活動が環境に与える負荷の大きさと危機を警告。

２０１０年　第10回生物多様性条約締約国会議で、前記のＴＥＥＢ報告書が報告された。これも「グリーン経済《エコノミー》」の土台となるものである、

２０１１年　ＵＮＥＰの「グリーン経済《エコノミー》」に関する報告書で、世界全体の年間のＧＤＰの２％すなわち、1.3兆ドルの投資を、再生可能エネルギー、農林・漁業に投資すれば、「２０５０年にはＥＦ＝ＢＣ」のレベルにすることができる（使い過ぎ・負債を元に戻せる）。参考までに２０１１年の世界のＧＤＰは70.2兆ドルである。

２０１２年　１月に開かれた国連非公式会議でも合意されており、**リオ＋20としてＳＤＧｓ（Sustainable Development Goals）が新たに提案されている**。コロンビア、ガテマラなどにより提出されていて、ＭＤＧｓを超えてそれを補完し、より総合

的・包括的にするものである。貧困の根絶、持続可能な経済・社会・環境的領域での開発、SDGsに関わる関係分析が容易化されているなどで〝GDPを超えた〟世界の尺度を示そうとする価値観に共鳴する国が広がっており、SDGsはグリーン経済《エコノミー》と並んで**21世紀の地球を救う切札**になるとの見方も出ている。

2012年

6月に**リオ＋20の「国連持続可能な開発会議」**が開催された。そして前記の「グリーン経済《エコノミー》」と**SDGsの2つがメインイッシュー**となったのである。換言すれば、経済成長の過程においても、雇用創出と貧困の撲滅と社会の発展を図り、合わせてエネルギー効率を上げ、資源の効率的利用を進めることが意図されているのである。そのために、**先進国として「持続可能でない消費と生産を改めること**」が議論されているのである。

2015年

**9月に190を超える国連加盟国により採択・可決され、2030アジェンダ・「持続可能な開発目標SDGs」がスタートすることとなった。**

そして2018年にはポーランドにてCOP（Conference of Parties＝気候変動枠組条約締約国会議）24が開催され、パリ協定の実施指針も採択された。

## 第2節　2030アジェンダ・SDGsの履行は人類社会に不可欠

途上国などにおける環境・開発問題は深刻の度を増しています。それらをはじめとする地球環境の諸問題に対処するため、前述した1992年の「環境と開発に関する国連会議（地球サミット）」、2000年の「国連ミレニアムサミット」、および2002年の「持続可能な開発に関するヨハネスブルグ宣言」などさまざまな会議が開催され、宣言や条約が採択されてきました。すなわち、途上国での都市部の居住環境の劣悪化（スラム化）とそれに伴う保健・衛生上の問題、そして愈々進めるべき開発・成長、とそれによる環境問題が山積しています。また、先進国が引き起こしてきた諸問題の繰り返しとその拡大に如何に対応するかも重要です。そのような状況の中、2012年にSDGs（Sustainable Development GoalsSDGs）はコロンビア、グァテマラにより初めに提案され、

・「持続可能な原則」の各国の政策への反映と、**資源の喪失を継続的に減少させる**
・2020年までに最低1億人のスラム居住者の生活改善
・2015年までに安全な飲料水・衛生施設を継続的に利用出来ない人の半減
・生物多様性の損失の継続的な減少

などをも含めて、建設的に議論・検討が進められた。

このSDGsは、GDPでは捉えられない「持続可能な原則」の重要な要素を、簡潔で分かりやすい表現で捉えているものとして、「GDPを超えている」と評価されているものです。また、このSDGsは、**地球環境・社会は、人類にとって侵してはならない公共財産、すなわちグローバルコモンズの対象である**、との理念が内包されていると言い得ます。そのような点で「国連持続可能な開発会議」は、筆者の思想・主張に大変近いものと言えます。

そして開発のためのODA（Official Development Assistance＝政府開発援助）やOECD（経済協力開発機構）による支援、またGEF（Global Environment Facility＝地球環境ファシリティー）による支援などによって開発を軌道にのせつつ貧富の差異を縮めることを図るのも盛り込まれている。

このように、国連などの国際機関で「持続可能性（Sustainability）」は実現すべき公式なテーマとして位置づけられており、SDGs的な環境・資源の保全、健康・教育などを重要テーマとしているのは、決して忘れられてはならないことです。

なお、以前に増して進歩していることは、前述のようにCSD（Committee for Sustainable Development＝持続可能な開発委員会）が設けられていることであり、また、進歩のきっかけになり得るものとして、前記のような持続可能な社会・地球環境の重要性を広く各国でアピールすべき決議が採択されていることです。中でも、わが国が提案したESD（Education for Sustainable Development＝持続可能な社会づくりの人材を育成するための教育）は特筆すべきことです。

我々人間は目先のみに着眼し、その場での物欲や経済性、すなわち、GDPのみを考える悪い習慣に取りつかれてきているのですが、2015年に決議されスタートしたSDGsは、現在と後世の人々の、当該国と世界の他国（特に開発途上国）のより良い関係を慮ってのアジェンダと考え、開発・推進されることが必要です。

## 第3節　SDGsの17ゴール（目標）の履行に当たって

実際にＳＤＧｓを履行するに当たっては、各国の主体性・主導性のもとで資金の調達を行い、そしてそれを基本とした各国の実力に応じて具体的な「目標」を選び、進めることになります。「目標」の推進に当たっては、行動するための基盤となる経済はもちろん、社会情勢や環境に配慮すべきことは言うまでもありません。また、人間中心で、人権を尊重し、最貧層や最も脆弱な層の人々に焦点を当て、配慮することも大切です。

政府のみならず、民間企業の役割も重要となり、積極的な関与が求められます。その上で途上国に強力な支援を行うことが不可欠であります。

**ＳＤＧｓのレビュー（報告、審査）**

レビューについては、国連の経済社会理事会主催で毎年7月に開かれるＨＬＰＦ（High Level Political Forum＝ハイレベル政治フォーラム）で行いますが、事務総長が年次進捗報告書（Annual Progress Report）を提出するとともに、各国が自発的に報告を行うことになっています。２０１7年には、日本を含む43ヵ国がすでに行っています。

そして4年に1回のHLPFにおいて、包括的なレビューが行われます。次回の包括レビューは2019年のHLPFの際に行われる予定です。

## 第4節　MDGsからSDGsへの移行

SDGsへの移行は、この章の第1節に示した経過の通りであり、また、詳しくは第Ⅱ章で述べますが、要約すればMDGs（Millennium Development Goals＝ミレニアム開発目標）にも相当程度の結果が出ているのです。すなわち、8つあるゴール（目標）のうち＜ゴール1＞の極度の貧困は半減していますし、＜ゴール5＞では妊産婦の死亡率は改善しています。＜ゴール6＞の結核蔓延防止は相当進んでいます。＜ゴール8＞のインターネット利用者の増加なども見るべき成果が出ています。それだけにSDGs17に対象を増やすとともに、先進国のサポートをさらに積極的に取りつけ、SDGsの「目標」17により明確に道筋を示していくのは良いことと思います。

そして、SDGsに関わる企業や事業団体としても、第Ⅳ章や第Ⅴ章でも述べますが、S

ＤＧｓによって

・企業イメージの向上
・社会的課題への対応
・生存戦略への架橋
・新たな事業機会の創出

などが見込まれ、業績アップも期待できることを理解して、積極的な対応をしてもらいたいと思っています。

先進諸国においては、ローマクラブの警告をよくわきまえ、節度ある政治政策をとることが求められます。一方、実務を担う企業、会社はＳＤＧｓの「目標」を正しく認識し、実利ある「持続可能原則」を発展させてもらいたいと強く思います。

# 第Ⅱ章

# SDGsの
# 17の目標と169のターゲット

## 第1節　SDGs17の全貌を知る前に心得ておきたいデータ

前述してきたように、SDGsとは、Sustainable Development Goals（持続可能な開発目標）の略称です。2015年、国連において「我々の世界を変革する：持続可能な開発のための2030アジェンダ」が採択されました。この2030年までの間に、人間、地球及び繁栄のために行動する計画の目標として掲げられたのが、17の目標と169のターゲットからなる「持続可能な開発目標＝SDGs17」です。貧困や飢餓、エネルギー、気候変動、平和的社会など、持続可能な開発のための諸目標で、是非とも達成すべく力を尽くしたいものです。その全貌を解説する前に、前提となる世界人口の推移や世界経済の状況、SDGs17の前身となったMDGs（Millennium Development Goals）との関連などの基本的なデータを見てみましょう。

世界人口は恒常的に驚異的に増加しています（次頁の表2―1参照）。SDGsにおいても、今後のこの人口増の脅威をしっかりと受け止める必要があります。この人口増が1972年のローマクラブによる成長の限界論によってすでに指摘されているのです。

**表2―1　世界人口の推移**

| | 2009 | 2010 | 2011 | 2012 | 2013 | 2014 | 2015 | 2016 | 2017 | 2018 |
|---|---|---|---|---|---|---|---|---|---|---|
| 人口（百万人） | 6874 | 6958 | 7043 | 7128 | 7213 | 7299 | 7383 | 7467 | 7551 | 7633 |

**表2―2　1人当たりの国内総生産（単位・米ドル）**

| | 日本 | 中国 | バングラデッシュ | アメリカ | ドイツ | エチオピア | コンゴ民主共和国 | ケニア |
|---|---|---|---|---|---|---|---|---|
| 2005 | 37,244 | 1,747 | 402 | 44,366 | 35,035 | 159 | 219 | 597 |
| 2016 | 38,968 | 7,993 | 1,355 | 57,808 | 42,456 | 687 | 512 | 1,455 |

経済的には最貧国と富める国の間には、依然として100倍以上の差があり、貧しい国に対する支援の必要性は大きいです。上の表にはありませんが、小国のルクセンブルクは101,835ドルで最富裕（2016年）、中国は相当の拡大規模で躍進が顕著です。この差異がSDGsの必要性の数値上での根拠です（他にもたくさんの根拠がありますが）。

SDGsは、前述のようにMDGsを継承する形態でスタートしました。ミレニアムの年、つまり、2000年に採択されたMDGsは、8つの目標と21のターゲットを決め、それを達成すべく努力されてきましたが、SDGsがスタートする2015年までに、そのすべてが成し遂げられたわけではありません。成果を上げたものがあれば、やり残したものもあります。残った課題はSDGsに引き継がれることになります。その状況を次頁の表2―3に示しました。

## 表2—3　MDGsの成果と、SDGsに残された課題

| MDGsの目標 | MDGsの成果 | SDGsに残された課題 |
|---|---|---|
| 1.極度の貧困と飢餓の撲滅 | 1.25ドル/日で生活しなければならない人口が、14%までに減少 | 依然として喘ぐ8億人の極度の貧困層への支援 |
| 2.初等教育の完全普及 | 小学校の就学率は1999年の84%から93%に達した | 不就学児童がいまだに存在していて、それが無くなることが望ましい |
| 3.ジェンダー平等の推進と女性の地位向上 | 初等教育でのジェンダーの格差解消 | 中等教育でのジェンダー格差の解消は必須である |
| 4.乳児死亡率の減少 | 乳児死亡者の数は1999年の1270万人から2015年に600万人に減少 | 5才未満の子が毎日16000人も命を落としている。その改善対策 |
| 5.妊産婦の健康改善 | 1990年以降妊産婦の死亡率は45%減少した | 妊産婦の死因についてのデーター収集は51%で、その改善、解析による対応 |
| 6.HIV, マラリアなどの疾病の蔓延防止 | HIVの感染は2000年から2013年に40%低下 | サブサハラでのHIVの若者の正しい理解は、-40%に低下。その改善 |
| 7.環境の持続可能性の確保 | 安全な水の使用が1990年の76%から2015年に91%に改善。途上国でのスラム居住は2000年の39%から2014年の30%に減少 | 水不足は世界の40%に影響を及ぼしている、その改善。いまだ8億8000万人がスラム居住している、その改善 |
| 8.開発のためのグローバル・パートナーシップの推進 | ODA額が2000年より66%増加して2014年に1352億ドルに達した | 先進国全体として国民所得の0.29%しか ODAに拠出しておらず、目標値の0.7%以上の拠出国は先進国28ヵ国の5ヵ国でしかない、日本をはじめとしてその改善が必要である |

ＳＤＧｓといえば、先進国が発展途上国へ援助を行い、貧困や環境をはじめとするさまざまな問題解決の力添えをするというイメージがありますが、先進国にも発展途上国と同様に改善しなければならない諸問題があります。その主なものを表２―４にあげます。

もちろん、これらの問題解決を図る以外に、先進国はＳＤＧｓの目標17への積極的な参加が求められます。ＯＤＡの増額と、発展途上国へのサポート、オーケストレーションが必要です。

この節の最後に、次節で解説するＳＤＧｓの17の目標を簡潔に整理し、表２―５として次頁に一覧しました。右端の欄のＭＤＧｓ系、リオ系は、その目標がＭＤＧｓを継承したものか、リオ＋21を起源として設定されたのかを示したものです。

**表2―4　先進国にも関係あるMDGsの目標とターゲット**

| | |
|---|---|
| 5. 女性の権利<br>人身売買・暴力の排除、<br>意思決定への女性の参加 | 7. エネルギー<br>再生可能エネルギーの大幅拡大<br>エネルギー効率の改善<br>クリーンエネルギー投資 |
| 8. 仕事づくり<br>児童労働を完全になくす<br>完全雇用(希望的に)<br>良い仕事 | 10. 格差是正<br>所得下位40%の所得増大は必至<br>再分配政策の充分な拡大<br>金融セクター規制強化 |
| 12. 生産・消費<br>食品廃棄物の大幅削減<br>化学物質管理の強化、ODA額が2000年より66%増加して2014年に1352億ﾄﾞﾙに達した | 13. 防災・減災<br>風水害死者大幅削減<br>災害リスク管理<br>大気汚染、廃棄物問題等の大改善 |

表2—5　SDGsの目標を要約した簡易一覧表

| | | |
|---|---|---|
| 目標1 | あらゆる場所のあらゆる形態の貧困を終わらせる | MDGs系 |
| 目標2 | 飢餓を終わらせ食料安全保障。栄養改善を実現し、持続可能な農業を促進する | MDGs系 |
| 目標3 | あらゆる年齢のすべてのひとびとの健康的な生活を確保し、福祉を促進する | MDGs系 |
| 目標4 | すべての人に公正な質の良い教育を確保する | MDGs系 |
| 目標5 | 先進国、開発途上国ともにジェンダー平等を達成する | MDGs系 |
| 目標6 | すべての人々への衛生的な水の供給、持続可能な水の管理 | MDGs系 |
| 目標7 | すべての人々へ質の良い持続可能なエネルギーを供給する | リオ系 |
| 目標8 | 適正な経済成長。雇用の促進、確保、働く喜びをもたらす | 両方 |
| 目標9 | イノベーションの推進、産業化の促進、開発途上国へのサポート | リオ系 |
| 目標10 | 各国間、各国内での不平等の是正、必要なサポート | 両方 |
| 目標11 | 持続可能な居住、さようならスラム地域 | リオ系 |
| 目標12 | 持続可能な生産・消費。廃棄の極少化 | リオ系 |
| 目標13 | 気候変動とそれに対する緊急対策 | 両方 |
| 目標14 | 持続可能な海洋、海洋資源の保全 | リオ 系 |
| 目標15 | 持続可能な陸域、森林の保全、生物多様性の維持 | リオ 系 |
| 目標16 | 持続可能な開発に向けての、平和な、治安のよい社会の維持・確保 | リオ 系 |
| 目標17 | SDGsの展開、実施手段の強化。グローバルパートナーシップの推進・展開＝サポートとオーケストレーション | 両方 |

そして、食物、飲み水を満足に得られない国の人々を支援し、地球環境・資源の危機を克服するためにSGDs17が用意されています。

# 第2節　SDGsの17目標と169のターゲットの詳細

**あらゆる場所のあらゆる形態の貧困を終わらせる**

Goal 1: End poverty in all its forms everywhere

**飢餓を終わらせ、食料安全保障及び栄養改善を実現し、持続可能な農業を促進する**

Goal 2: Zero Hunger, promote agricultural

目標1と2は、共通する関連事項なので二つまとめて記述します。

**目標1　ターゲット**

1.1　2030年までに、現在1日1.25ドル未満で生活する人々と定義されている極度の貧困をあらゆる場所で終わらせる。

1.2　2030年までに、各国定義によるあらゆる次元の貧困状態にある、すべての年齢の男性、女性、子どもの割合を半減させる。

1.3　各国において最低限の基準を含む適切な社会保護制度および対策を実施し、2030年までに貧困層及び脆弱層に対し十分な保護を達成する。

1.4　2030年までに、貧困層および脆弱層をはじめ、すべての男性および女性が、基礎的サービスへのアクセス、土地およびその他の形態の財産に対する所有権と管理権限、相続財産、天然資源、適切な新技術、マイクロファイナンスを含む金融サービスに加え、経済的資源についても平等な権利を持つことができるように確保する。

1.5　2030年までに、貧困層や脆弱な状況にある人々の強靱性（レジリエンス）を構築し、気候変動に関連する極端な気象現象やその他の経済、社会、環境的ショックや災害に暴露や脆弱性を軽減する。

1.a　あらゆる次元での貧困を終わらせるための計画や政策を実施するべく、後発開発途上国をはじめとする開発途上国に対して適切かつ予測可能な手段を講じるため、開発協力の強化などを通じて、さまざまな供給源からの相当量の資源の動員を確保する。

1.b　貧困撲滅のための行動への投資拡大を支援するため、国、地域および国際レベルで、貧困層やジェンダーに配慮した開発戦略に基づいた適正な政策的枠組みを構築する。

## 目標2　ターゲット

2.1　2030年までに、飢餓を撲滅し、すべての人々、特に貧困層および幼児を含む脆弱な立場にある人々が一年中安全かつ栄養のある食料を十分得られるようにする。

2.2　5歳未満の子どもの発育阻害や消耗性疾患について国際的に合意されたターゲットを2025年までに達成するなど、2030年までにあらゆる形態の栄養不良を解消し、若年女子、妊婦・授乳婦および高齢者の栄養ニーズへの対処を行う。

2.3　2030年までに、土地、その他の生産資源や、投入財、知識、金融サービス、市場および高付加価値化や非農業雇用の機会への確実かつ平等なアクセスの確保などを通じて、女性、先住民、家族農家、牧畜民および漁業者をはじめとする小規模食料生産者の農業生産性および所得を倍増させる。

2.4　2030年までに、生産性を向上させ、生産量を増やし、生態系を維持し、気候変動や極端な気象現象、干ばつ、洪水およびその他の災害に対する適応能力を向上させ、漸進的に土地と土壌の質を改善させるような、持続可能な食料生産システムを確保し、強靭（レジリエント）な農業を実践する。

2.5　2030年までに、国、地域および国際レベルで適正に管理および多様化された種子・

植物バンクなども通じて、種子、栽培植物、飼育・家畜化された動物およびこれらの近縁野生種の遺伝的多様性を維持し、国際的合意に基づき、遺伝資源およびこれに関連する伝統的な知識へのアクセスおよびその利用から生じる利益の公正かつ衡平な配分を促進する。

2.a 開発途上国、特に後発開発途上国における農業生産能力向上のために、国際協力の強化などを通じて、農村インフラ、農業研究・普及サービス、技術開発および植物・家畜のジーン・バンクへの投資の拡大を図る。

2.b ドーハ開発ラウンドの決議に従い、すべての形態の農産物輸出補助金および同等の効果を持つすべての輸出措置の並行的撤廃などを通じて、世界の農産物市場における貿易制限や歪みを是正および防止する。

2.c 食料価格の極端な変動に歯止めをかけるため、食料市場およびデリバティブ市場の適正な機能を確保するための措置を講じ、食料備蓄などの市場情報への適時のアクセスを容易にする。

このように見てきますと、**ＳＤＧｓ１**はあらゆる国で日1．25ドル（年450ドル）未満で生活を余儀なくされる貧困を終わらせることで、**ＳＤＧｓ２**は子供、妊婦、授乳婦をはじめ脆弱な立場の人々への配慮と農業の促進が目標となっています。この二つの目標は緊密に関わっている事柄ですので、あわせて検討が可能です。

**SDGs1・2の説明と提言**

①貧困状態と飢餓を撲滅するというのは大変しっかりとした良い目標です。

・各国に於いてこれらを含む社会保障制度と対策を実施するとの規定を実現すべく、各国政府、地方自治体の努力を期待したいです。

・特に、5才未満の子ども、妊婦などに配慮することは肝心なことです。

・貧困家庭を減らすために、農業促進の実践を行う方針を出すことは、極めて的を得ています。

・そして国際協力を呼びかけていることは当を得ていますが、企業、事業会社もこれに進んで対応してもらいたいと考えます。

②次に貧困率についてあげてみます。

各国における低所得層の問題の一例として、次頁表2―6に日本の場合を示しましたが、日本は恒常的に相対的貧困率が悪化していて、貧困値（所得額）の値は極めて低いものがあり、貧困層の改善が必要です。これは日本に限らず、他の諸国も同様です。

表２—６　日本の貧困率の推移

| | 1991 | 2003 | 2006 | 2009 | 2012 | 2015 |
|---|---|---|---|---|---|---|
| 相対的貧困率（%） | 13.5 | 14.9 | 15.7 | 16.0 | 16.1 | 15.6 |
| 中央値（万円） | 270 | 260 | 254 | 250 | 244 | 245 |
| 貧困値（万円） | 135 | 135 | 127 | 125 | 122 | 122 |

表２—７　世界の地域別貧困率の変化

| | 1990 | | 2013 | |
|---|---|---|---|---|
| | 貧困率(%) | 貧困層の人数（百万人） | 貧困率(%) | 貧困層の人数（百万人） |
| 東アジア・太平洋地域 | 60.23 | 965.9 | 3.54 | 71.02 |
| ラテンアメリカ・カリブ海地域 | 15.84 | 71.21 | 5.40 | 33.59 |
| 南アジア地域 | 44.58 | 505.02 | 15.09 | 256.24 |
| サブサハラ、アフリカ地域 | 54.28 | 276.08 | 40.99 | 388.72 |
| 途上国全体 | 42.01 | 1840.47 | 12.55 | 766.01 |
| 世界全体 | 34.82 | 1840.47 | 10.67 | 766.01 |

次に世界の地域別貧困率の変化をみてみましょう（表—７）。ＭＤＧｓのお陰もあって、貧困率は改善しましたが、貧困層は依然として約８億人近くいます。ちなみに貧困ラインは日１．９０ドルです。

アジアでの改善は著しかったのですが、サブサハラの改善は僅かであり（貧困率は直近でも約41％）、今後の改善は急務です。ターゲットにあるように先進国によるサポートも必要です。

このように繰り返し述べていますが、21世紀に入っても貧困は最重要の課題です。すなわち、貧困は世界の１丁目１番地の問題なのです。

③食糧問題から貧困問題を読み解く。

食糧は命をつなぐものです。それを十分に購うことができない貧困の問題は、優れて食糧問題でもあります。ここでは**食糧問題の重要性を深掘りして、**貧困や農業問題を吟味します。

世界の地域によっては、食糧の絶対的不足、つまり、飢餓状態をきたしているところがあります。世界の飢餓人口は約9億人超（うち3億5千万人が子供）、そしてそのため死亡にいたる人が年々約9百万人（毎日2万5千人）の多さに至っている。このような極貧の地域の人々に対する支援のために、途上国の開発・環境問題が、今や重要な課題となっています。

この飢餓に苦しむ人々9億2500万人（FAO調べ）の内訳は

・アジア・太平洋地域　5億7800万人
・サハラ以南のアフリカ　2億3900万人（人口約7億人の34%、3人に1人）
・中南米　5300万人
・中東・北アフリカ　3700万人

そのおおよそ75%が農村に住む貧しい農民で、残りの25%が大都市周辺の貧困地域に住む人々です。

そして気候変動により、年によっての雨量の少なさのため、東アフリカのエチオピア、ソマリア、スーダン、ケニア、タンザニア、ウガンダ、ルワンダなども食糧に困窮しています。

表2―8　熱量消費量（単位　kCal／人・日）

| | 日本 | インド | フィリピン | アメリカ | イタリア | ギリシア | スーダン |
|---|---|---|---|---|---|---|---|
| 2001 | 2746 | 2487 | 2372 | 3766 | 3680 | 3754 | 2288 |
| 2009 | 2723 | 2321 | 2580 | 3688 | 3627 | 3661 | 2326 |

これらの地域の貧しさ・所得の低さとともに、世界的な人口増に対して食糧の供給が追いついていないことが原因ですが、このような飢餓が存在していること自体が、現状での「地球環境・社会の持続性」の危機でありま す。ここにSDGs1、2での「目標」とターゲットの遂行のための要素の必要性が見てとれるのです。

まず、1人当たりの熱量消費量ですが、単位はカロリー（Cal）で、水1ℓの温度を1℃上げるために必要エネルギーが1kCalです。この値から人が生きていく上で必要とする食事の量が推し量れます。

表2―8に載っていない欧州諸国としては、ドイツ3549、フランス3531、イギリス3242、健康な生活のために必要な熱量は2300でスーダンの数値が近い（いずれも単位kCal／2009年のデータ）。この欧米諸国との較差が大きな問題であり、最貧国、途上国には、低所得ゆえの生活上の難題となっています。この摂取量の改善・解決の近々の見通しには、疑問符を付けざるを得ないのが現状です。しかし、この飢饉の問題は抜本的でグローバルな取り組みで改善しなければなりません。

アジア、アフリカの途上国での食糧の消費量は、先進過食国の約60％で

**表2—9　世界の人口推移（単位　百万人）**

| | 世界 | アフリカ | アジア | 日本 | 先進国 | 開発途上国 |
|---|---|---|---|---|---|---|
| 1998 | 5966 | 774 | 3623 | 126 | 1181 | 4785 |
| 2012 | 7052 | 1070 | 4250 | 127 | 1241 | 5811 |
| 2015 | 7284 | 1145 | 4375 | 126 | 1282 | 6002 |
| 2030 | 8321 | 1562 | 4868 | 117 | 1398 | 6923 |
| 2050 | 9306 | 2192 | 5142 | 97 | 1312 | 7994 |

**表2—10　1人当たりの熱量消費量量（単位　kCal/人・日）**

| | 先進国 | 開発途上国 |
|---|---|---|
| 1998 | 3380 | 2681 |
| 2015 | 3440 | 2850 |
| 2030 | 3500 | 2980 |

あり、食糧難の影響が出ているでしょう。将来的には、生活水準の向上とともに1人当りの消費量も、必ず増えます（すなわち、食糧難に拍車がかかります）。日本は、国全体としては世界の平均的食糧消費量であり、中庸であると言えます。しかし、昨今の大食い競争のショーは食糧難の国々の人には大変失礼でありましょう!!

次に、食糧需要の伸びの予想をしてみましょう。そのためには、人口の推移（表2—9）と1人当たりの消費熱量の変化（表2—10）を知らなければなりません。

これらの数値をみると、将来の世界的な食糧不足は今後いっそう激しくなることが容易に予想されるます。この問題の解決は必須です。

### 表2—11　世界各地域（州）と日本の農地面積推移（単位　1000ha）

| | 世界 | アジア | 北アメリカ | 南アメリカ | ヨーロッパ | アフリカ | オセアニア | 日本 |
|---|---|---|---|---|---|---|---|---|
| 1995 | 1374,598 | 498,609 | 260,260 | 96,054 | 294,444 | 176,920 | 48,311 | 4,630 |
| 2000 | 1384,766 | 485,470 | 257,738 | 105,991 | 287,594 | 198,695 | 49,279 | 4,474 |
| 2009 | 1381,204 | 473,206 | 244,707 | 112,750 | 277,971 | 224,416 | 48,154 | 4,294 |

### 表2—12　世界・国別の農地面積推移（単位　1000ha）

| | 日本 | 韓国 | 中国 | インド | インドネシア |
|---|---|---|---|---|---|
| 1995 | 4,630 | 1,783 | 124,059 | 162,250 | 17,342 |
| 2000 | 4,474 | 1,718 | 120,971 | 162,717 | 20,500 |
| 2009 | 4,294 | 1,595 | 109,999 | 157,923 | 23,600 |
| | ブラジル | ドイツ | エジプト | スーダン | エチオピア |
| 1995 | 53,500 | 11,835 | 2,817 | 16,157 | 9,850 |
| 2000 | 57,700 | 11,804 | 2,825 | 16,233 | 10,000 |
| 2009 | 61,200 | 11,945 | 2,884 | 20,160 | 13,948 |

（総務省統計局の資料）

次に食糧生産に先立つものとしての世界の農地面積をみてみましょう。

表2—11でわかるように、世界全体としては減少気味の横ばいで問題ありです。人口増を背景にして、当然増加しなければなりません。北アメリカとヨーロッパは減っています。そして、日本もアジアとともに減っていますが、これでよいのか、大きな問題です。南アメリカとアフリカは増加していますす。特にアフリカの増加はもっと加速すべきでしょう。

国別では表2—12でわかるように、韓国、中国、インドなどア

**表2―13　近年の世界の穀類生産量（単位　百万トン）**

| | 世界 | アジア | アフリカ | 北アメリカ | 南アメリカ | ヨーロッパ | 日本 |
|---|---|---|---|---|---|---|---|
| 89～91 | 1904 | 857 | 99 | — | — | — | 13.9 |
| 2000 | 2064 | 996 | 114 | — | — | — | 12.8 |
| 2001 | 2086 | 985 | 117 | — | — | — | 12.3 |
| 2008 | 2525 | 1183 | 153 | 502 | 146 | 505 | 12.2 |
| 2009 | 2494 | 1200 | 159 | 507 | 127 | 466 | 11.5 |
| 2010 | 2458 | 1219 | 156 | 489 | 151 | 407 | 11.4 |

ジア諸国の工業化が進み、農地面積は日本と同様に減少しつつあり問題です。特に人口の多い中国、インドでは深刻です。しかし、アジアの中ではインドネシアが順調に耕地化が進んでいます。また、ブラジルも増加傾向にあります。そして、アフリカ諸国もエチオピア、スーダンのように耕作地が広がりつつありますが、次表からの数値でわかるように、アフリカ全体としては生産性が上がらず、農産物の増量はみられません。まず、生産性アップを図るのが望ましいでしょう。

次に近年の世界の穀類（米・小麦・大麦・トウモロコシなど）の生産高をみてみましょう（表2―13）。

まず、大きい問題なのが、世界人口が増えているにもかかわらず、世界全体で生産量が伸び悩んでいることです。アジアはやや増加傾向ですが、増産の必要なアフリカがあまり増えていないのは問題です。北アメリカ、ヨーロッパ、日本は斬減です。これら原産地域以外では10年間で約20％

表２―14　先進国～途上国別の需要・生産・輸出の推移と予測（単位　百万トン）

| | | 需要 | 生産 | 輸出 |
|---|---|---|---|---|
| 先進国 | 97～99 | 525 | 652 | 111 |
| | 2015 | 599 | 785 | 187 |
| | 2030 | 652 | 899 | 247 |
| 中進国（市場経済移行国） | 97～99 | 211 | 210 | 1 |
| | 2015 | 237 | 247 | 10 |
| | 2030 | 261 | 287 | 25 |
| 開発途上国 | 97～99 | 1129 | 1026 | -103 |
| | 2015 | 1544 | 1354 | -190 |
| | 2030 | 1917 | 1652 | -265 |

（FAOより）

の生産量アップがみられますが、人口増のため、食糧不足は否めません。過去15年の世界の食糧増は19％、一方、人口増は31％です。日本はこの10年間に10％以上の生産減です。そして、不足分を輸入に頼り、バーチャル・ウォーター（仮想水）を消費しています。バーチャルウォーターとは、食量や畜産物を輸入する消費国が、自国でそれらを生産すると仮定した時に必要となる水の量を推定したものです。これは、食料や畜産物の輸入を、水を輸入していることと同様ととらえたものです。

次に、先進国、中進国、開発途上国別にみた需要・生産・輸出の推移と予測を示します（表2―14）。開発途上国の需要増加は顕著で、生産も増えますが、需要をまかないきれず輸入の頼る構造がみてとれます。先進国の需要は頭打

**表2―15　主要各国の自給率（2009年　単位　%）**

| | 穀類 | 野菜類 | 肉類 |
|---|---|---|---|
| 日本 | 23.2 | 83.2 | 56.1 |
| 中国 | 103.4 | 101.8 | 97.4 |
| アメリカ | 124.8 | 92.3 | 113.4 |
| イギリス | 101.0 | 43.4 | 68.0 |
| オランダ | 19.8 | 302.9 | 187.7 |
| ドイツ | 124.1 | 33.4 | 114.4 |
| フランス | 174.1 | 62.6 | 100.5 |
| ロシア | 128.9 | 76.8 | 72.0 |
| オーストラリア | 242.3 | 87.8 | 162.7 |

ちとなり、生産余剰分を開発途上国の需要にまわす傾向となっています。この数値は食糧と飼料の合計で、先進国は飼料が多く、開発途上国はおのずと食糧が多い内訳となります。

表2―15は主要各国の自給率です。

日本の低さ、特に主食の米においての低自給率が目立ちます。かろうじて野菜類の自給率の高さが救いで、肉類はいまだに低いです。日本の自給率の低さは、世界の食糧事情において、マイナスにはたらきます。オランダは面積が少なく低地なため、穀類の自給率は低いが、野菜は十分に高いです。EU内における相互シェアーを巧みに行っています。中国は各分類とも安定しています。オーストラリアは資源大国として知られますが、農業国としても強い面があります。

食糧の需給を決定する需要面では、**人口**、**一人当たり食糧消費量**、そして供給面では、**耕地面積**、**単収**（単位当たりの収穫量）の４つの要素があります。

・２００５年７月の世界全体の人口は64億６５００万人で、年率1.2％（２０００年以降の近年）の増加であり、２０３０年には82億人になる見通しです、

・発展途上国の経済発展・所得増大にともなう穀物消費の拡大と、食生活の高度化・多様化にともなう肉類・乳製品の摂取割合の増加による間接消費の増大（肉１kgのための穀類の消費は牛肉で11～15kg、豚肉で７～９kg、鶏肉で３～８kg）があり、１人当りの穀物消費量は増加します（平均約1.4倍）。

・世界の耕作面積は１９７０年代の７億２４００万haから、２００３年の６億４６００万haに減少しています。また、総耕地面積13．８億ha（２００９年・別表）、農業人口１３０７百万人、一人当たり耕地面積は１．０６ha人に落ちています（日本の農地面積４２９４千ha、農業人口２６０１千人、一人当たり農地面積は１．６５ha／人）。

・単収についても、農業の近代化（灌漑整備、肥料・農薬の使用、農業の機械化）により、以前はその増加率が３％／年であったものが、90年代以降は1.5％／年にまで低下しています。かつ化学肥料・農薬の使用は今後環境面における制約条件があり、単収の増加は、あまり期待できません。

一方、さらなる制約条件は農地の減少と劣化の可能性です。

・工業化のための土壌汚染、水質汚染、大気汚染などによる環境的懸念。
・都市化のため、道路のアスファルトやビルのコンクリート、建材による土壌の被覆。
・灌漑用水の限界、世界人口の約40％が慢性的水不足の状態。
・地下水の減少、地域に於ける使用地下水の枯渇（後記参照）。
・農薬、化学薬品などによる環境汚染。
・気候変動による豪雨、洪水、干ばつ、温度上昇などの被害。
・バイオ燃料転換による食用分の減少、価格高騰（後記参照）。

人の穀物消費量は３７０～３８０kg／人・年で近年推移しており、したがって人口68億人として世界の消費量は25・５億トン／年と計算できます。今後これが前記のような理由、つまり食生活の高度化を含めて、供給（生産）が伸び悩み、また低下するとき、食糧危機が到来することになります。

前述のとおり、消費が地域によって大きく異なっていることが特に大きな問題であり、それは現在から将来に続く問題です。アフリカと並んで飢餓状態があるアジア（日本を除く）での食糧不足をみてみると、別表のようにアジアで耕地面積が減少していることを含めて、

SDGsの問題性を認識してもらいたいと思います。

・アジア全体で2020年に5億5千万トン（約18億人分）不足。

・中国だけでも2030年に2～3億トン（約6～10億人分）不足。

・すでに、2010年以降は世界全体で食糧危機がはじまりつつあります。

これがSDGs1、2の「目標」と履行すべきターゲットの重要性の要因であります。

これまで述べてきた問題とそれに対する対策が大切ですが、さらにエネルギー調達のために食糧供給が損なわれるという状況を見てみましょう。すなち、バイオ燃料（バイオエタノール、バイオジーゼル）の問題です。穀物のバイオ燃料転換は2000年から07年の間に3倍に増加、それが主因で食品価格は高騰、02年から08年の間に75％の上昇をきたしています。人類の歴史の中で、このように食料を熱源に替えるとの愚行を行ったケースはなく、わずかな例外としてヤシ油、松根油などを明りに使用したとの例がある程度です。カーボンニュートラル（生育の過程で光合成によりCO$_2$を吸収して酸素をだしている）の植・食物のバイオ燃料を正当化する思想と、目先の金儲けに誘惑された人々による愚行です。アメリカでは州政策による愚かな支援策も見られます。一方、第2世代（廃材、使用済み食用油、家畜排泄物など）のバイオ燃料を活かすことは大変筋が通っており、OECDも第2世代のバイオ燃料にすべきことを提言しています。

最近の食糧事情を述べれば、２０１０年の世界の人口は約69億人で１９７０年の約２倍に増加し、それにともない米、トウモロコシ、小麦などの穀物の需要も22億トン以上となり１９７０年の約２倍になっています。しかし、世界の全耕地面積は増えないまま、その中で占める灌漑耕地面積は１９７０年の約１億７千万haから２００８年には１・７６倍の３億haに増加し、灌漑地も全農地の大きな部分を占めるに至っています。

灌漑耕作の結果、インド、中国の華北平原などではここ35年間に地下水が50メートル低下しており、また黄河では断流が発生していると報告されています。それとともに飼育動物用の飼料も著しく増えています（食文化の変化）。

人の生存の基盤である食糧は一日たりとも欠かせないものですが、それは同時に地球環境における欠くべからざる生物の再生資源でもあります。そして、食糧の需給悪化の傾向は明白であり、それを改善するためにはグローバルな対応がなされなければなりません。食糧問題は途上国の問題であるとともに、それ以上に先進国（自給率の低い日本を含めて）が起こしている問題でもあります。ＳＤＧｓ１、２の観点でのサポートが必要不可欠です。

# あらゆる年齢のすべての人々の健康的な生活を確保し、福祉を促進する

Goal 3: Ensure healthy lives and promote well-being for all at all ages.

## 目標3 ターゲット

3.1 ２０３０年までに、世界の妊産婦の死亡率を出生10万人当り70人未満に削減する。

3.2 すべての国が新生児死亡率を少なくとも出生１０００件中12件以下まで減らし、５歳以下死亡率を少なくとも出生１０００件中25件以下まで減らすことを目指し、２０３０年までに、新生児及び５歳未満児の予防可能な死亡を根絶する。

3.3 ２０３０年までに、エイズ、結核、マラリア及び顧みられない熱帯病といった伝染病を根絶するとともに肝炎、水系感染症及びその他の感染症に対処する。

3.4 ２０３０年までに、非感染性疾患による若年死亡率を、予防や治療を通じて３分の１減少させ、精神保健及び福祉を促進する。

3.5 薬物乱用やアルコールの有害な摂取を含む、物質乱用の防止・治療を強化する。

3.6 ２０２０年までに、世界の道路交通事故による死傷者を半減させる。

3.7 ２０３０年までに、家族計画、情報・教育及び性と生殖に関する健康の国家戦略・計画

への組み入れを含む、性と生殖に関する保健サービスをすべての人々が利用できるようにする。

3.8 すべての人々に対する財政リスクからの保護、質の高い基礎的な保健サービスへのアクセス及び安全で効果的かつ質が高く安価な必須医薬品とワクチンへのアクセスを含む、ユニバーサル・ヘルス・カバレッジ（UHC）を達成する。

3.9 2030年までに、有害化学物質、ならびに大気、水質及び土壌の汚染による死亡及び疾病の件数を大幅に減少させる。

3.a すべての国々において、たばこの規制に関する世界保健機関枠組条約の実施を適宜強化する。

3.b 主に開発途上国に影響を及ぼす感染性及び非感染性疾患のワクチン及び医薬品の研究開発を支援する。また、「知的所有権の貿易関連の側面に関する協定（TRIPS協定）」及び公衆の健康に関するドーハ宣言に従い、安価な必須医薬品及びワクチンへのアクセスを提供する。同宣言は公衆衛生保護及び、特にすべての人々への医薬品のアクセス提供にかかわる「知的所有権の貿易関連の側面に関する協定」の柔軟性に関する規定を最大限に行使する開発途上国の権利を確約したものである。

3.c 開発途上国、特に後発開発途上国及び小島嶼開発途上国において保健財政及び保健人材の採用、能力開発・訓練及び定着を大幅に拡大させる。

3.d　すべての国々、特に開発途上国の国家・世界規模な健康危険因子の早期警告、危険因子緩和及び危険因子管理のための能力を強化する。

**SDGs3の説明と評価**―すべての人の健康の確保、福祉の促進―

①新生児の健康問題

SDGsでは、特に新生児、5才未満児の死亡を減らすことを意図していますが、これは今後の世の担い手を重要視している証しで、とても良いことです。次に熱帯病といった伝染病の根絶も図っています。そして近年の死傷の増加に鑑みて、その半減を計っている事も大切なことです。また後発開発途上国、島嶼《とうしょ》途上国におけるこの面での遅れの改善を図っています。この問題は、ヒト／人類の存続・生存にも関わる重要な問題です。

②疾病と医師の数

表2―16からもわかるように、平均寿命は健康管理の必要性を促す指標です。依然として続いている疾病・健康問題は、日本を含む先進国からの支援を大変強く必要としています。健康確保の問題はSDGsでも最重要課題に位置づけていて、さまざまな支援が必要です。

**表2—16　各国の平均寿命（単位　歳）**

| | 日本 | 中国 | アメリカ | スウェーデン | ドイツ | パキスタン | ソマリア | 中央アフリカ | レソト |
|---|---|---|---|---|---|---|---|---|---|
| 男性 | 81 | 75 | 76 | 81 | 79 | 66 | 54 | 52 | 51 |
| 女性 | 87 | 78 | 81 | 84 | 83 | 67 | 57 | 54 | 55 |
| 平均 | 84 | 76 | 79 | 82 | 81 | 67 | 55 | 53 | 53 |

**表2—17　人口1000人当りの医師・看護師等の人数（単位　人）**

| | 日本 | カナダ（北米） | スウェーデン | ドイツ | パプアニューギニア | タンザニア | エチオピア | ザンビア |
|---|---|---|---|---|---|---|---|---|
| 医師数 | 2.4 | 2.5 | 4.2 | 4.2 | 0.1 | 0.0 | 0.0 | 0.0 |
| 看護師等数 | 11.2 | 9.8 | 11.9 | 11.9 | 0.4 | 0.4 | 0.2 | 0.9 |

日本を含めた先進国は寿命が永いのですが、アジアでも発展途上国や、特にアフリカでは、未だに50歳台の低さです、これは主に医療施設、医師の数が不足していることによっており、SDGs 17（パートナーシップ）によるサポートが進むことを期待します。

先進国は概《おおむ》ね良いが（欧米は十分・表2—17）、アジア、アフリカなどの途上国で医師や看護師等の数の不足は顕著です。SDGsによってグローバル社会の関心が高まり、これらの低発展途上諸国にて大きな改善が行われることを強く希望します、

このように未だ健康管理に問題のある国々で、視点が都会のみに当てられるのではなく、田舎、地方をもしっかりとケアーする必要があります、HIV対策が進みつつあり、結核も大変減少していても、

５歳の誕生日を迎えられない子が依然として６００万人を超えていることは大変痛ましく、このような状況が速やかに大きく改善されることを願いたいものです。ＳＤＧｓ３が十分に履行されることが重要です。

4 質の高い教育をみんなに

## すべての人に包摂的かつ公正な質の高い教育を確保し、生涯学習の機会を促進する

Goal 4: Ensure quality education and promote opportunities for all.

### 目標4 ターゲット

4.1 ２０３０年までに、すべての子どもが男女の区別なく、適切かつ効果的な学習成果をもたらす、無償かつ公正で質の高い初等教育及び中等教育を修了できるようにする。

4.2 ２０３０年までに、すべての子どもが男女の区別なく、質の高い乳幼児の発達・ケア及び就学前教育にアクセスすることにより、初等教育を受ける準備が整うようにする。

4.3 ２０３０年までに、すべての人々が男女の区別なく、手の届く質の高い技術教育・職業教育及び大学を含む高等教育への平等なアクセスを得られるようにする。

4.4 ２０３０年までに、技術的・職業的スキルなど、雇用、働きがいのある人間らしい仕事

及び起業に必要な技能を備えた若者と成人の割合を大幅に増加させる。

4.5　2030年までに、教育におけるジェンダー格差を無くし、障害者、先住民及び脆弱な立場にある子どもなど、脆弱層があらゆるレベルの教育や職業訓練に平等にアクセスできるようにする。

4.6　2030年までに、すべての若者及び大多数（男女ともに）の成人が、読み書き能力及び基本的計算能力を身に付けられるようにする。

4.7　2030年までに、持続可能な開発のための教育及び持続可能なライフスタイル、人権、男女の平等、平和及び非暴力的文化の推進、グローバル・シチズンシップ、文化多様性と文化の持続可能な開発への貢献の理解の教育を通して、すべての学習者が、持続可能な開発を促進するために必要な知識及び技能を習得できるようにする。

4.a　子ども、障害及びジェンダーに配慮した教育施設を構築・改良し、すべての人々に安全で非暴力的、包摂的、効果的な学習環境を提供できるようにする。

4.b　2020年までに、開発途上国、特に後発開発途上国及び小島嶼《とうしょ》開発途上国、ならびにアフリカ諸国を対象とした、職業訓練、情報通信技術（ICT）、技術・工学・科学プログラムなど、先進国及びその他の開発途上国における高等教育の奨学金の件数を全世界で大幅に増加させる。

4.c　2030年までに、開発途上国、特に後発開発途上国及び小島嶼開発途上国における教員研修のための国際協力などを通じて、質の高い教員の数を大幅に増加させる

**SDGs 4の説明と評価**―教育の確保、生涯教育の機会の促進―

①教育の必要性と機会の平等

・男女の区別なく初等教育、中等教育を修了できるようにする。

・そのためにも職業教育、大学を含む高等教育へ平等にアクセスできるようにすることは良いことです。

・教育においてジェンダー格差がないようにする事はSDGs5よりもいえます。

・2030年までに読み書き能力、基本的計算が出来るようにする。

・特に後発開発途上国、小島嶼《とうしょ》国で、これらの教育が進むように国際協力を図る。それについては、特に、先進国の役割は大きいといえましょう。

・2020年までに開発途上国、アフリカ諸国などを対象として、情報通信技術、技術・工学・科学プログラムを習得する機会を与え、また、そのための奨学金を大幅に増加させることは、将来にわたって十分な効果が期待されます。

・マララ[注]さんに対するノーベル平和賞の授与が、何よりも教育の大きな必要性を物語っ

ています。

表2―18　初等教育修了率（2014年　単位　%）

| | 欧・米・日本 | 南アジア | アフリカ（サブ・サハラ） |
|---|---|---|---|
| 男子 | 99.6 | 91.5 | 72.0 |
| 女子 | 99.4 | 92.0 | 68.0 |

②初等教育と識字率

表2―18にあるように、先進国の欧米や日本ではほぼすべての人が、また南アジアでも約90％強の人が初等教育を修了していますが、アフリカのサブ・サハラでは、未だ約30％の人が初等教育を未修了です、早急な改善が望まれます。

東・東南アジアの識字率（Literate ratio）はすでに約96％になっている一方、アフリカのサブ・サハラでの識字率は依然として約65％に留まっています、この改善が実現することは非常に大切で、識字率の数値が上がれば、教育全体の水準も上がってくるといえましょう。

（注／マララ・ユスフザイ＝パキスタン出身の女性。フェミニスト・人権運動家。パキスタンで武装勢力の脅威にさらされながらも、子どもたちが教育を受ける権利を訴え続けてきた）

# ジェンダー平等を達成し、すべての女性及び女児の能力強化を行う

Goal 5: Achieve gender equality and empower all women and girls.

## 目標5 ターゲット

5.1 あらゆる場所におけるすべての女性及び女児に対するあらゆる形態の差別を撤廃する。

5.2 人身売買や性的、その他の種類の搾取など、すべての女性及び女児に対する、公共・私的空間におけるあらゆる形態の暴力を排除する。

5.3 未成年者の結婚、早期結婚、強制結婚及び女性器切除など、あらゆる有害な慣行を撤廃する。

5.4 公共のサービス、インフラ及び社会保障政策の提供、ならびに各国の状況に応じた世帯・家族内における責任分担を通じて、無報酬の育児・介護や家事労働を認識・評価する。

5.5 政治、経済、公共分野でのあらゆるレベルの意思決定において、完全かつ効果的な女性の参画及び平等なリーダーシップの機会を確保する。

5.6 国際人口・開発会議（ＩＣＰＤ）の行動計画及び北京行動綱領、ならびにこれらの検証会議の成果文書に従い、性と生殖に関する健康及び権利への普遍的アクセスを確保する。

5.a 女性に対し、経済的資源に対する同等の権利、ならびに各国法に従い、オーナーシップ

及び土地その他の財産、金融サービス、相続財産、天然資源に対するアクセスを与えるための改革に着手する。

5.b　女性の能力強化促進のため、ICTをはじめとする実現技術の活用を強化する。

5.c　ジェンダー平等の促進、ならびにすべての女性及び女子のあらゆるレベルでの能力強化のための適正な政策及び拘束力のある法規を導入・強化する。

**SDGs5の説明と提言**―ジェンダー平等、女性の地位向上―

①人身売買の根絶や暴力の排除

・グローバルな課題ですが、特に一部の最貧国での人身売買は、人間にとっての道義的責任の点からも絶対にあってはならないことです。

②社会的、文化的な性差の解消、就学や登用の平等

・政治、公共分野、経済等での意思決定に対する女性の参画、リーダーシップの機会を確保する。

・女子のあらゆる分野での能力強化・活躍のための法規の導入・強化を図る。

・ジェンダー平等の促進をはかり、女性、女子の能力強化の為、適正な政策、拘束力ある

法規を導入することは、この課題の改善のために望ましいと思われます。

・グローバル・ジェンダー・ギャップ報告等では世界144ヵ国中、日本は114位との報告があります。また、例えば就学率では、初等教育では男女の差がなくなったが、中等・高等教育においては未だ差がみられ、特にサブ・サハラではその差は大きいです。

・一般の企業での管理職への登用において、男・女差が無くなることも実現されるべきといえます。2019年7月の参議院議員選挙で、女性の当選者が23%に増えたのは、ジェンダーギャップが改善する前兆と捉えたいものです。

## すべての人々の水と衛生の利用可能性と持続可能な管理を確保する

Goal 6: Ensure availability and sustainability of water and sanitation for all.

### 目標6 ターゲット

6.1 2030年までに、すべての人々の、安全で安価な飲料水の普遍的かつ衡平なアクセスを達成する。

6.2 2030年までに、すべての人々の、適切かつ平等な下水施設・衛生施設へのアクセスを達成し、野外での排泄をなくす。女性及び女児、ならびに脆弱な立場にある人々のニーズに特に注意を払う。

6.3 2030年までに、汚染の減少、投棄の廃絶と有害な化学物・物質の放出の最小化、未処理の排水の割合半減及び再生利用と安全な再利用の世界的規模で大幅に増加させることにより、水質を改善する。

6.4 2030年までに、全セクターにおいて水利用の効率を大幅に改善し、淡水の持続可能な採取及び供給を確保し水不足に対処するとともに、水不足に悩む人々の数を大幅に減少させる。

6.5 2030年までに、国境を越えた適切な協力を含む、あらゆるレベルでの統合水資源管理を実施する。

6.6 2020年までに、山地、森林、湿地、河川、帯水層、湖沼を含む水に関連する生態系の保護・回復を行う。

6.a 2030年までに、集水、海水淡水化、水の効率的利用、排水処理、リサイクル・再利用技術を含む開発途上国における水と衛生分野での活動と計画を対象とした国際協力と能力構築支援を拡大する。

6.b 水と衛生の管理向上における地域コミュニティの参加を支援・強化する。

**ＳＤＧｓ６の説明と提言**─安全で安価な水の供給、衛生施設利用の享受─

①水不足や不衛生な水の利用をなくす

・水は**人を含むあらゆる生物にとって生存のための最低条件**です。２０３０年までに安全な飲料水を誰でもが、簡単に不公正なく手に入れられることを達成する。これは大変な努力が必要です。

・２０３０年までに適切な下水施設・衛生施設の設置をあまねく達成する。

・２０３０年までに効率的な水利用、リサイクルなどの技術開発を行い、水不足に悩む人を大幅に削減する。

・２０２０年までに、山地、森林、湿地、河川、湖沼などの水に関わる生態系の保護・回復を行う。野外での排泄をなくすなどの衛生に対する意識を高める。

・水の問題は、解決に時間を要しますが、絶対に実現しなければならない問題です。

・開発途上国においては日常的課題ですが、インフラストラクチャーの改善を必要とする場合は、やや長い期間と活動を必要とします。先進国よりの支援も行い、改善がはかられなければなりません。

・なお、わが国の２０１９年９～10月の台風15、19号による豪雨、堤防決壊、洪水は治水工事、気候変動の問題として、ＳＤＧｓの点からも改善されなければならない問題ですね。

**表2―19　世界の降水量、水資源量、取水量の関係**
（単位　降水量・mm／年　1人当たり水資源量＆1人当り取水量・㎥／人,年）

| | 世界平均 | 日本 | サウジアラビア | インド | フランス | インドネシア |
|---|---|---|---|---|---|---|
| 降水量 | 780 | 1560 | 30 | 1080 | 760 | 2680 |
| 1人当り水資源量 | 7800 | 3030 | nil（0） | 1700 | 3000 | 1450 |
| 1人当り取水量 | 560 | 680 | 720 | 580 | 570 | 380 |

②次に、命をつなぐために**大切な水の問題を詳述**します。

表2―19にあるように、日本は降水量はやや多め、水資源量はやや少なめですが、水田の貯水利用があるため、取水量は世界でもやや多い部類に入ります。

水不足の問題については、素朴な疑問として、水の惑星ともいわれるように、あの広い大きな海には水がいっぱいあるし、不足する根拠をにわかには信じ難いと多くの人はいいますが、海水（塩水）は人間のホメオスタシス（整体恒常性）がはたらいて飲料水とはなり得ません。すなわち、地球上の水のうち、河川水、氷河水、ダム水、淡湖水、地下水の一部しか利用できる淡水がなく、それは地球上の全水のたった2.35％に過ぎないのです。換言すれば、地球上において循環する雨水が（雲から地表に降る雨水のほとんどは、河川に流れ込み海に流れて海水となる。その後蒸発して雲となり、そして再び雨水となる）、人が利用している水なのでありま す。今後その使用量が後述するように増えるので、いずれ不

表２―20　世界の用途別水需要の実績と予測（単位　10億㎥≒10億トン）

| | 1990 | 2025 | 2025／1990 |
|---|---|---|---|
| 農業用取水量 | 1100 | 2650 | 2.41倍 |
| 工業用取水量 | 200 | 800 | 4.00倍 |
| 生活用取水量 | 90 | 500 | 5.56倍 |
| その他 | 10 | 250 | |
| 合計　取水量 | 1400 | 4200 | 3.00倍 |

足することが予見されるのです。現在における、地域による著しい水不足については、順次記述していきます。

世界全体としての水の需給は、人口増、生活文化の向上に起因しており、将来は大変危惧されます。特にエネルギーの場合と違って水には代替物がないので、世界としての水不足が現実のものとなった時は、人類の破滅に至るとも言い得るのです。水の不足は、現在31ヶ国で不足、また、２０２５年には48ヶ国で不足に苦しむとの予想があり看過できません。この問題は食料不足にも関連しているのです。

食料の消費拡大に伴う食料増産に欠かせない水の使用増が当然のこととして想定されるが、更に上記の様に工業用水、生活用水での予想される増量は、水不足危機を充分に感じさせるものです。同時に問題なのは、他で述べる水の汚染の問題であり、それが使用出来るクリーンな水を一層不足なものにするのです。

現状では、国・地域によって水不足が極めて顕著です。前述の水不足31ヶ国は、中東諸国を筆頭に、サハラ地域、地中海沿岸、西アジア、中国北西部、オーストラリア、アメリカ西部などです。

上水の使用量の少ない国の実情を見てみましょう（単位　リットル／人・日）。ガンビア／4.5、マリ／8、ソマリア／8.9、モザンビーク／9.3、ウガンダ／9.3、カンボジア／9.5、タンザニア10.1、中央アフリカ13.2、エチオピア13.3、ルワンダ13.6、チャド13.9、ブータン14.8など、

多くのアフリカ諸国と一部のアジアの国での上水使用量は、最低限の生活用水50リットル人／日（アメリカ　太平洋研究所）の20％にも満たない量ですが、これは第一に、上水設備そのものの普及がいかに遅れているかを示すものでもあり、その整備が必須です。

将来の水の需要をみてみましょう。ベースにある人口増加は、前述したように21世紀半ばまで続くと予想されていますが（表2―9参照）、特に発展途上国での増加が著しく、工業化、都市化の進展とともに工業用水、生活用水の必要量が増えることが確実です。そのため、発展途上国（特にアフリカ、つづいてアジア）が水の需要増加にいかに対処し得るかが課題ですが、それは重大でグローバルな課題でもあります。

次にわが国の水使用量の整理をしておきましょう。国内全使用量は年835億トン≒835億㎥（1800リットル／人・年）です。

内訳は、
生活用水　国内全量　年139億トン（16.7％）
農業用水　国内全量　年551億トン（66％）
工業用水　国内全量　年145億トン（17.3％）
（生活用水・1日1人当り300kg≒300リットル（129百万人）、うち飲料2リットル）
他に、バーチャルウォーター（Virtual Water＝主として農・水用）を年640億トン（1380リットル／人・日）を使用しています。
ここで日本でのバーチャルウォーターについて述べておきましょう。日本の年間の輸入食品の生産に必要な水の量（単位　億トン）は、
米／18.7、麦類／275.9、豆類／50.7、肉（牛）類／68.2　計約410
これがバーチャルウォーターの量です。わが国としてはこのバーチャルウオーターの多さが、農産物の自給率アップの必要性とともに大きな問題なのです。それは食材の生育過程、輸送中での水・エネルギーの使用によるEF（Ecological Footprint）の増加でもあります。
次に、日本での水の使用・供給のバランスシートをみてみましょう（単位　億㎥／年≒億トン／年）。

降水量（年平均）6400
蒸発量　2300
水資源量　4100（うち使用分　830　非使用分／使われない河川水、地下水など　3270）

さらに、地球環境の悪化、気候変動が水にどのような影響を与えるか、「地球環境の持続性」の視点からみてみましょう。

気温が上がると一般に水循環は早くなるといわれていますが、地球温暖化・気候変動により水の少ない所では渇水・干ばつとなり、多い所では洪水に、そして低い海岸では水位が上がり浸水を受け海岸線が後退するなどの現象があらわれます。。地球温暖化とともに、水資源量の較差は広がり、水不足は一層深刻になります。特に水ストレスの高い地域、例えば中国北・西部、西アジア、中近東、地中海沿岸・北アフリカ、アメリカ西部などでの水不足は顕著となるでしょう。「国際移住機関」の報告書では、将来砂漠化により中国の北西部、サハラ砂漠縁部が居住不可能となり、10億人が移住しなければならないであろうと推測しています。地球温暖化の影響でウエットランドは旱魃の悪影響、海面の上昇により縮小しつつあります。一方、洪水も多発するようになります。そして南太平洋の島国ツバルは、数十年も経ずに海水に覆われ消え去るでしょう。バングラデッシュは、過年の大洪水で国土の70％が完全に浸水し、溜池の水を飲むなどで伝染病が蔓延し、病人が続出した被害がありました。メコン川流域でも同様の異変が起き、洪水により米作が壊滅的被害を受けています。

従来は一国の責任、あるいは数国間の紛争の性格が大きかったのですが、今や地球環境問題が原因となるに及んで、グローバルなレベルでの対応を考えることが必要となっているのです。地球環境上の対策がしっかりと進まない限り、この問題の基本的、抜本的な解決はないでしょう。

世界における水質汚染の現状も極めて深刻で、十分に強化したグローバルな対策が必要です。「地球環境の持続性」上の重要な課題でしょう、

まず、水の汚染性に大きく関わる各国の指標をみてみましょう。上水資源の利用可能比率、公衆水道、汚染防止、ふたのある井戸、泉、雨水などの水を安全な水と定義して、

| 安全な水の飲めない地域とその非衛生水使用人口（単位・万人） | | 総人口（単位・万人） | 比率 |
|---|---|---|---|
| サハラ以南アフリカ（ソマリア、エチオピア、コンゴなど） | 32800 | 77800 | 42% |
| 南アジア（インド、バングラデッシュ、アフガニスタンなど） | 20700 | 161300 | 13% |
| 東アジア（中国、他） | 16200 | 143000 | 11% |

東南アジア（カンボジア、インドネシアなど）　７８００　５６５００　14％

他に、西アジア、北アフリカ、旧ソ連諸国、中南米などにも非衛生水使用の人々がいて、世界全体では８８４００万人（ユニセフ発表値）が、安全な水を飲めない、あるいは汚染の可能性のある水を飲んでいます。中でも、サハラ以南アフリカ諸国の著しい遅れが目立ちます（世界保健機構資料から）。

水の利用（調達）は、発展途上国においては、先進国では気の付かない、極めて重要な問題です。生死に関わることであるのを良く認識してＳＤＧｓ30をフルに活用した対応を考えるべきです。

# すべての人々の、安価かつ信頼できる持続可能な近代的エネルギーへのアクセスを確保する

Goal 7: Ensure affordable, reliable and sustainable modern energy for all.

## 目標7 ターゲット

7.1 ２０３０年までに、安価かつ信頼できる現代的エネルギーサービスへの普遍的アクセスを確保する。

7.2 ２０３０年までに、世界のエネルギーミックスにおける再生可能エネルギーの割合を大幅に拡大させる。

7.3 ２０３０年までに、世界全体のエネルギー効率の改善率を倍増させる。

7.a ２０３０年までに、再生可能エネルギー、エネルギー効率及び先進的かつ環境負荷の低い化石燃料技術などのクリーンエネルギーの研究及び技術へのアクセスを促進するための国際協力を強化し、エネルギー関連インフラとクリーンエネルギー技術への投資を促進する。

7.b ２０３０年までに、各々の支援プログラムに沿って開発途上国、特に後発開発途上国及び小島嶼開発途上国、内陸開発途上国のすべての人々に現代的で持続可能なエネルギー

サービスを供給できるよう、インフラ拡大と技術向上を行う。

**SDGs7の説明と提言**―安心かつ信頼できるエネルギーの確保―

①エネルギー効率の改善と再生可能エネルギー（クリーンエネルギー）への転換

・2030年までにエネルギー効率の改善を図り、エネルギーミックスにおいて再生可能エネルギーの割合を大幅に拡大させることは大変良いと思います。

・クリーンエネルギー技術への投資を増やし、その開発を促進する。

・再生可能エネルギーは基本的に地球に優しいので、政府や地方自治体の正しい政策によって、化石燃料からそれへと舵を切り変えるべきです。

②原子力発電からの脱却

・SDGsの全体が展開する過程で原子力発電廃止の機運が盛り上がり、核物質の危険性と地球規模の汚染の弊害を要因として、廃止が規定の中に織り込まれることを大いに期待します。

③　現代・将来の生活において決して欠くことのできないエネルギーという大変重要性のあ

る問題のため、詳細に問題解析しましたので記述いたします。

・「エネルギー枯渇の危機」、これにどう対処するかが、SDGs7の目標とターゲットの意味合いといえましょう。

２０１４年夏はある程度円安が進み、輸入品の価格上昇の煽りを受けたため、マイカー運転者にとってガソリンの価格上昇に大変気を取られる日々でありました。隣に乗せている孫の時代に、もはや石油がまったく無くなっているかもしれない心配をすっかり忘れていますが、それでよいのでしょうか。自動車メーカーの省エネ車（低燃費、小型・軽量化）の開発・努力に胡座をかいて、省力（ガソリンの使用減）の必要な生活をすっかり忘れ、遠出に明け暮れていて良いのでしょうか、石油の枯渇はもう視野に入っているのです。また、近場のお買物に、若い健常な人々が（赤ちゃん連れでもないのに）自動車で乗りつけて、お身足をいたずらに弱らせているのをお見かけしていますが、それで良いのでしょうか？

・地球サステナビリティーを危うくしている資源不足。

石油がエネルギーとして社会に登場したのは、最初の油田の発掘が行われた１８５９年といわれています。その後、分溜技術の開発で、ガソリン、軽油、灯油、重油に分離され、自動車、航空機、工場、火力発電をはじめとした燃料や、各種工業原料として使われるに至りました。特に、フォードによる大衆車が20世紀初頭に登場して以来の自動車の普及、さらに第二次大戦以降の旅客航空機の飛躍的な増加などによって、運輸目的の石油の使用が年々大幅に上昇しました。それとともに石油化学製品（プラスティック、合成繊維、合成ゴム、合成洗剤、薬品など）での石油の使用増により、今やその埋蔵量の減少、枯渇が大変心配される状況となっています。

エネルギー使用において第二次大戦終了以前の第1位は石炭でしたが、大戦以降は今日まで石油が第1位、天然ガスが第2位（液化を含む）で、その何れも今後の不足が危惧されています。新しい資源としてオイルシェール（ガス）が登場してきましたが、エネルギー資源の不足は決定的であり、その使用削減、省力化は必須であります。

太古の昔、７０００〜７５００万年前（中生代に遡る）の恐竜全盛期以降１７０万年前の新世代中期にわたっての長期間に生物の遺骸により生成されている化石燃料を、20世紀初頭より21世紀に至るたった１００年強の間に使い尽くしかねない現状は、現代人の桁外れの傲慢さであありましょう。

次にエネルギー全体像を鳥瞰してみましょう。

表2—21　先進国と中進国、開発途上国のエネルギー消費

| | 人口（億人） | エネルギー全消費量（100万トン／年） | エネルギー1人消費量（トン／年） |
|---|---|---|---|
| 先進国（米・欧・日本） | 7.8 | 4056 | 5.20 |
| 旧ソ連・東欧 | 4.0 | 1685 | 4.20 |
| 途上国（アジア・アフリカ） | 41.1 | 2292 | 0.56（1990年初頭） |

（東大基礎科学科の資料）

表2—21でみるように、先進国と途上国の消費量の大きな違い、そして将来の途上国の人口増と生活水準の上昇を考えるとき、今後の全消費量の大きな伸びが想定されます。なお、人口増の90％は発展途上国によって占められることは明白です。

さて、世界のエネルギーの需要は1965年に38億toe（原油換算トン＝ton of oil equivalent）、そして2009年は112億toeに増えており、これは年率2.5％の増加です。GDPの伸びを大きく凌駕する使用量の増加であり、将来の不足が心配されます。経済成長と人口増、生活文化向上に伴う開発途上国、また、中進国の今後のエネルギー消費増が主たる要因です。

次に、世界各地の石油の埋蔵量と耐用年数（表2—22）は、次の世代で枯渇に至るとの見方が一般的であり、「地球社会の持続性」の問題となるのでしょう。なお、埋蔵量・耐用年数の推定は、年を追っても減らないことがあるが（こ

**表2―22　先進国と中進国、開発途上国のエネルギー消費**

| | 埋蔵量（10億バーレル） | 耐用年数 |
|---|---|---|
| 世界合計 | 991 | 35 |
| 中東（サウジアラビア・イラン・イラク・クウェートなど） | 662 | 100 |
| 北・中・南米 | 151 | 26 |
| 欧州（ノルウェイ・イギリス） | 15 | 10 |
| アジア（中国・インドネシアなど） | 44 | 19 |

の間の原油価格上昇に伴う許容採油コストの上昇による埋蔵量増が一因）、前記のような世界の人口増と生活文化の向上を考慮すると、化石燃料の消費増は明々白々であり、特に石油の枯渇は歴然としております、

エネルギー消費の推移が現状と予測ではどのように変化してゆくのかをみてみましょう。

世界のエネルギー消費量の現状を理解するために一人当りの消費量を知らなければなりません。それが次頁の表2―23です。

・アメリカは断トツの多さであり、少しばかりの改善では焼け石に水の状況。

・ヨーロッパも周辺諸国の増量もあって、オセアニアとともに警戒を要すします。

・アジアの増加は人口の多さを考えると脅威になるでしょう。日本の消費量も多い。

表２—23　世界の１人当り消費エネルギー（単位　kg／年）

| | 1999 | 2008 | 2009 |
|---|---|---|---|
| 世界全体 | 1358 | 1493 | 1465 |
| アジア | 721 | 1042 | 1077 |
| アメリカ | 7973 | 6866 | 6486 |
| 南アメリカ | 865 | 1029 | 1004 |
| ヨーロッパ | 2853 | 3231 | 3018 |
| アフリカ | 347 | 356 | 353 |
| オセアニア | 4269 | 4098 | 4108 |
| 日本 | 3665 | 3210 | 3003 |

（総務省統計局の資料・2013年）

図２—１　世界の１人当り消費エネルギー 2009年（単位　kg／年）

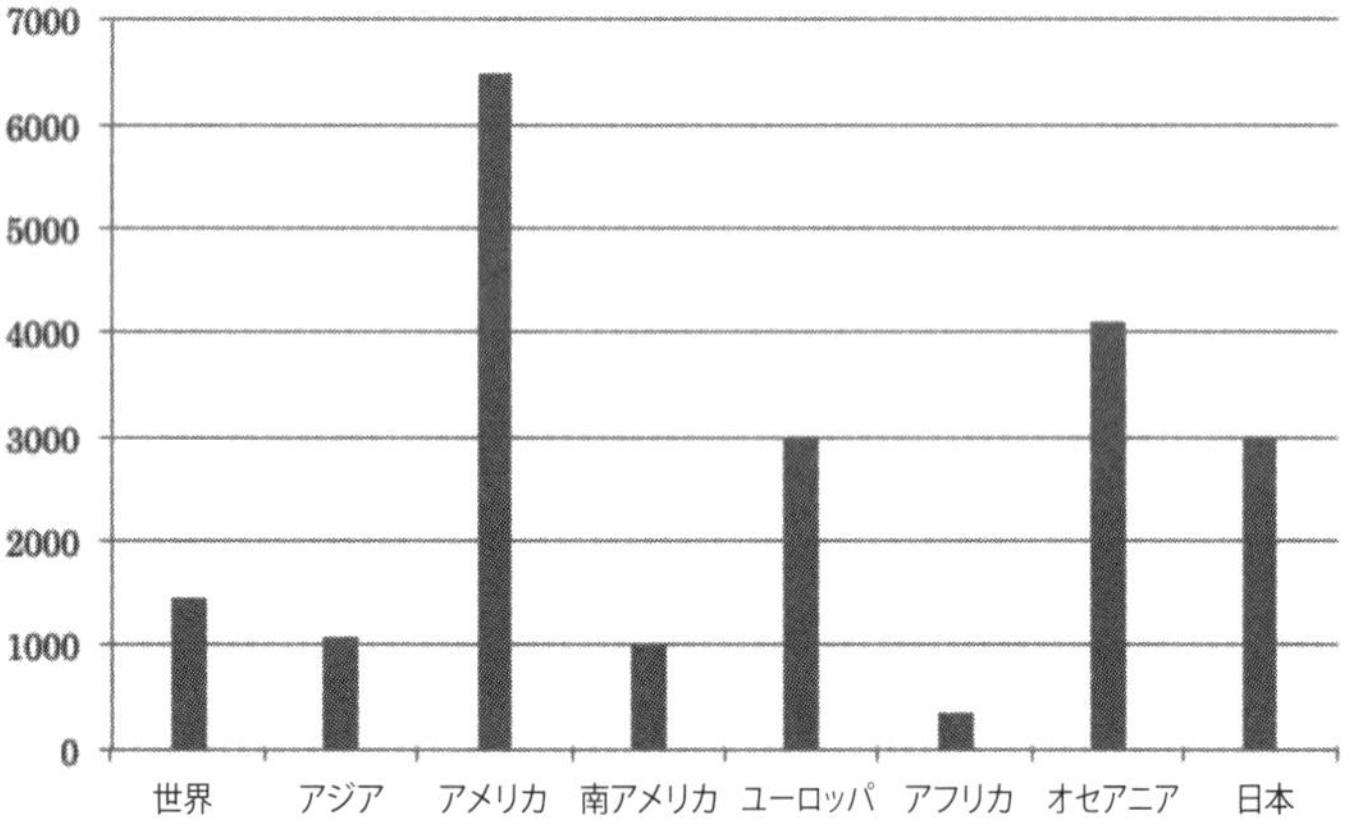

**表2―24［1］　主要産出国の石油埋蔵量**（単位　100万トン）

| | アラブ首長国連邦 | イラク | イラン | サウジアラビア |
|---|---|---|---|---|
| 2003 | 12875 | 15074 | 14674 | 35709 |
| 2012 | 12555 | 15478 | 17329 | 34518 |
| | アメリカ | ヴェネゼラ | ロシア | |
| 2003 | 3768 | 10097 | 6654 | |
| 2012 | 3429 | 13997 | 10647 | |

**表2―24［2］　主要産出国の天然ガス埋蔵量**（単位　10億㎥<ガス状>）

| | アラブ首長国連邦 | イラン | カタール | アメリカ |
|---|---|---|---|---|
| 2003 | 5837 | 23179 | 9004 | 4717 |
| 2012 | 6432 | 29610 | 25172 | 7022 |
| | ヴェネゼラ | ロシア | ナイジェリア | |
| 2003 | 4057 | 47768 | 3476 | |
| 2012 | 4983 | 44900 | 5292 | |

（総務省統計局の資料・2013年）

・表2―22でわかるように、世界的には1人当りでも増加の方向にあります（絶対値はさらに大きく増えている）。これが問題です。

よりわかりやすくするために2009年をグラフ化したのが図2―1で、アメリカの多さが一目瞭然です。

消費量に対する埋蔵量はどうなっているでしょうか。

石油の場合、イラン、ヴェネゼラ、ロシアのように開発によって埋蔵量の増加している国もありますが、全体として、埋蔵量には限りがみられます（表2―24［1］）。使用削減・省力化が大いに必要になってきています。

表2—25　エネルギー消費・過去の実績と将来の予測

| | | | 2007 | 2035 | 予測値 |
|---|---|---|---|---|---|
| エネルギー消費（石油換算億トン） | | 世界 | 111 | 169 | 1.5倍 |
| | | アジア | 36 | 71 | 2.0倍 |
| 石油消費（億トン） | | 世界 | 41 | 54 | 1.32倍 |
| | | アジア | 10 | 20.5 | 2.05倍 |
| 天然ガス消費（LNG換算トン） | | 世界 | 25 | 45 | 1.8倍 |
| 石炭消費（石炭換算トン） | | 世界 | 32 | 45 | 1.4倍 |
| 電源 | 発電量（億kW/h） | 世界 | 20 | 38 | 1.9倍 |
| | 発電施設（億kW） | 世界 | 45 | 77 | 1.7倍 |

（東大出版会の資料）

天然ガスの場合、ロシアの埋蔵量の大きさが目立ちます。続いてイランも多く、また増量もしています。サウジアラビアは少なく、代わってカタールの埋蔵量が多い。増量もしています。アメリカでの開発が進みましたが、量は少ないです（前頁・表2—24［2］）。

エネルギー消費の過去の実績と将来（2035年）の予測は表2—25の通りであり、石油と同じく化石燃料の天然ガスや石炭の消費の伸びの予測は表の通りです。これらも今後の枯渇が大きく懸念されます。

すなわち、エネルギーの消費はさらに拡大しますが、それを押し上げているのがアジア（中国、インドを含む）の伸びです。細かくいえば、中南米、オセアニア、アフリカの使用増もあります。この傾向は石油についても同様です。

**表２―26　主要国の消費電力総量と一人当たりの消費電力量**（2008年）
（単位　総量・ギガ（10億）kWh　1人当たり電力量・千kWh／人,年）

| | アメリカ | 中国 | 日本 | ロシア | インド | ドイツ | フランス |
|---|---|---|---|---|---|---|---|
| 消費総量 | 4369 | 3457 | 1082 | 1040 | 830 | 637 | 575 |
| 1人当り消費量 | 14.0 | 2.5 | 8.5 | 7.3 | 0.7 | 7.7 | 9.2 |

（総務省統計局の資料・2013年）

また、発電部門においても同傾向の伸びを示しています。
以上を集約して、エネルギー消費が増大する予想に対して、埋蔵量は頭打ち（特に原油）です。今後のエネルギーの枯渇は極めて明白で、「地球社会の持続性」の危機になります。したがって、省エネに努めるとともに、化石燃料に頼ることなく、しかも脱原発も実現しつつ、後記の再生可能エネルギーの拡大推進が急務となってくるのです。

電力事情についても、アメリカの消費の多さが目立ち、そして日本もヨーロッパ諸国並みです（表２―26）。
日本は、従来型の化石燃料のエネルギーは完全に輸入依存であり、それにもかかわらず、原油、石炭、天然ガスの産出があるヨーロッパ諸国と同程度の使用量なのは問題です。ちなみに、２００９年の数値は、

日本　　　　３００３kg／人・年
ヨーロッパ　３０１８kg／人・年

表2―27　日本の1次エネルギー受給量（単位　千兆ジュール）

| | 石油 | 石炭 | 天然ガス |
|---|---|---|---|
| 1990 | 11003 | 3308 | 2102 |
| 2000 | 11157 | 4203 | 3133 |
| 2010 | 8853 | 4982 | 4237 |

日本ではこれら化石燃料の相当部分が次に述べるように電力に転換されてきました。かつては石油が断然多かったのですが、近年では石油から天然ガスへの切り換えが進み、石炭への切換えも進みつつあります。しかしエネルギー源としてはいまだに石油が第1位です。

日本の2010年の発電設備と発電電力は、

・発電設備　24360万kW

1位 天然ガス、2位 石油、3位 石炭

0.2%＝53万kW（実動）が再生可能エネルギー（2012年には買取り制導入で太陽光のみで750万kWに増加）。

・発電電力　9762億kWh

1位 天然ガス、2位 石炭、3位 石油

1.2%＝119億kWhが再生可能エネルギー、電力のほとんどが化石燃料でまかなわれています（調達のしやすさ、購入コストの比較感より、天然ガスが急上昇しており、石油は漸減し始めています）。

## 再生可能エネルギーの種類と今後について

ＳＤＧｓ７の「目標」とターゲットで提案している再生可能エネルギー強化の提言です。

まず、再生可能エネルギーには次のような種類種類があります。

・太陽光発電（光→電気）　・太陽熱発電（光→熱→電）
・風力発電　　　　　　　・地中熱発電
・水力（小規模）発電　　・海流発電（潮汐・波力・海洋温度差）
・バイオマス発電―バイオエタノール―バイオディーゼルがあるが、第二世代（食廃棄、動物糞尿、薪木材残滓、ゴミ）のみにすべきです
・水素（石油精製副産物、天然ガス系）
・燃料電池（都市ガス・電力に触媒反応させる）
・浸透圧発電、

次に、再生可能エネルギーの中でもメインになりつつある分野について、

・**太陽光発電**（光→電気）―太陽電池（Solar Cell）の開発・市場化は日本では早くも１９８０年代にさかのぼるが（筆者も当時開発に関与）、その後、欧州諸国の先行を許して、太陽光発電では世界で大変遅れをとるに至りました。しかし砂漠や平原のみでなく、家屋やビルの屋上でも利用出来るので、スマートグリッド構想における利用

を含めて今後の大幅増が大切です。結晶系（単結晶、多結晶）、アモルファス系、化合物系（CdS, CdTe, GaAs, InP）、さらに有機薄膜などの広がりで、分散型使用にも特徴を出せる、化石燃料代替のクリーンなエネルギーとして伸ばす必要があります。

世界での2011年の太陽光発電の累積導入量は6735万kWに対して、日本は470万kWです。

・**風力発電**―世界では2011年で、すでに合計約2億kWの発電設備量があり（大型原子力発電200基以上）、年成長率20％以上が続いており、全電力に占める比率も現在の3％が、2020年には12％に上がることを期待されている可能性の大きい発電方式です。

日本の風力発電は、国土の狭さ、また、景観主張パワーにより、約230万kWの総設備量に過ぎません（14年は、アセスメントの義務化、建設助成金の廃止で、10万kW増に落ちる予想）。しかし風力発電はエネルギー源としては無尽蔵で、文字通りの再生可能のエネルギーです。設置の後の維持費は安く、排ガスを出さない大変クリーンな発電方式です。

EU諸国の中でも、特にデンマーク、イギリス、オランダに多く、これら諸国の海岸線の風力発電は、化石燃料、原子力発電の呪縛を断ち切った人間の叡智を感じとることができます。陸地の狭い日本でもこれをお手本として、洋上浮揚・据付―現行より高い買取り価格を設定の検討―を含めて風力発電を増やす政治政策に力を入れてもらいたいものです。

特に期待できる他の新しいタイプの再生可能エネルギーとして次のようなものがります。

・**海洋エネルギー**―日本近海での海洋エネルギーの能力は、将来的には原発50基分との試算もあります。大変大きな可能性をもった自然エネルギーです（潜在的に）。

波力発電：波の上下運動を歯車の回転運動に変え、発電タービンを回す。

海流発電：黒潮や親潮の海流で発電する（風力発電の海中版）。

潮流発電：海峡を流れる海流でプロペラを回し発電する。

海洋温度差発電：暖かい海面水と冷たい深層水の温度差を利用し、アンモニアの気化を活かしてタービンを回すもので最も大きな可能性があります。

日本は海洋エネルギーの技術開発において、潜在力は世界一と考えられますが、現実の開発は大変出遅れています。

・**バイオマス発電**―先進国（ＯＥＣＤ）では1次エネルギーの4.2％になっていますが、これは穀物・果実などの食糧用の使用を含めているものです。日本では２０１０年の新エネルギー導入量は原油換算1910万klで、そのうちの894万klが（熱利用を入れて）、バイオマス電・熱を目安にしています（エネルギー庁、他より）。食糧難に喘ぐ多数の人々がいるこの世界では、第2世代のエネルギー化にとどめるべきであり、わが国の現実はそれに沿っています。

・**地熱発電**―潜在的には厖大なエネルギーであるが、設備容量は世界が800万kW、日本が50万kWの少なさです。温泉業、国立公園、世界遺産などとの競合があり、やや時間が掛かるでしょう。

・**水力発電**―日本では小型以外にはまったく実現性はないが、世界では中国の三峡ダム発電所のように、今後の可能性は十分にあり得ます。

次は**新エネルギー**といい得ますが、炭化水素系であるので、正確には**再生可能エネルギーとはいえない**でしょう。

・**シェールオイル**（Shale oil ＝頁岩）―秋田県内の岩盤層にあり、最大1億バレル（国内の年消費量の1割）で、JOGMEC（石油天然ガス・金属鉱物資源機構）が1年以内に試験採掘、また、アメリカ、カナダで現在採掘がブーム化しています。この影響もあって、シェールオイルガス、LNG（液化天然ガス）のアメリカからの輸出が積極化されています。

・**オイルサンド**—日本では、さらに開発中。

・**メタンハイドレート**—南海トラフ、他の領域で初めに発見され、ＪＯＧＭＥＣが基礎的な技術の開発に見通しを立てました。シャーベット状のもので、すでにガス取り出しに成功しています。日本では、秋田沖、佐渡沖、能登半島沖、隠岐周辺での発掘の可能性があるものとして、一定の時間を掛けて調査しました（存在を確認。経済産業省）。問題は採掘に掛るコストがどの程度になるかです。日本での必要天然ガスの１００年分ともいわれています。

**再生可能エネルギーの展望**

まず発電量の現状と見通しについてです。

世界では、新設発電所の発電ベースの割合は２００６年に6％であったものが、２０１０年には30％になり（新設の設備容量では34％）、また、ＩＥＡ（国際エネルギー機関）の２００８年の報告で、２０５０年に再生可能エネルギーが46％になるとの見通しを出しており、今や世界的に再生可能エネルギーが支柱になりつつあります。これは「地球社会・環境の持続性」の点からは大変よいことです。

現在再生可能エネルギーの中でのメインアイテムとして、世界での導入量は、

・**太陽光**―2008年に1500万kWが2035年に2.4億kWに（16倍）。

・**風力**―2008年に1億kWが2035年に6億kWに（6倍）。

バイオについても、石油換算2007年に3700万トンが2035年に1.6億トン（4.3倍）と伸びが予想されますが、食料消費との競合にならぬように、極力第2世代のものに限るべきです。

すなわち、全体として再生可能エネルギーは、2007年の2.9％（構成比ベース）に対して2035年に5.4％＋6.9％（＝12.3％）と、1.9～4.2倍以上と大きく伸びるでしょう。

一方、再生可能エネルギーへの投資についても、2003年にわずか300億ドルであったものが、2009年1480億ドル、2010年1880億ドルと、大きく伸びており、再生可能エネルギーの生産を裏付けています。なお、日本の投資額は65億ドルで、中国560億ドル、ドイツ430億ドル、米国354億ドルに対比して非常に少なく、再生可能エネルギーにおける立ち後れが目立ちます。早急の対策強化が必要です。

再生可能エネルギーの導入よる副次的効果として、雇用の創出があります。例えば、メガワットクラスの風車の部品は約1万点あり、これは電気自動車の部品点数に匹敵し、200

社以上の国内企業がその製造を支えていて、雇用の点で極めて裾野の広い産業です。雇用の機会が広まることは、他の再生可能エネルギー全体についても当てはまります。EUのケースですが、最大430万人の新規創出があり（Employ RES Final Reportより）、その点で大変ありがたい産業であることに言及したいのです。

**エネルギーについてのまとめと提案**

化石燃料の枯渇は、これまで記述してきたデーターの通りに決定的です。ここでは、「地球資源のサスティナビリティー」のための諸施策を示したいと思います。

・再生可能エネルギーの買取り制度を梃子《てこ》にして再生可能エネルギーの生産増、普及を図る（日本は遅行している）。―特に太陽光、風力、バイオマス（第2世代）、洋上―再生可能エネルギーの遅れた日本の挽回の一策として、海洋発電の強力な推進があげられます。

・省エネ・省力のため、大量交通機関への回帰・移行による交通システムの抜本的見直しが必要となります。公共交通（LRTの活用）、カーシェアリング（電気自動車は適性大）、市内カーの禁止にともなうパークアンドライドの推進などがあげられます。そこから、特に都市中心部でのメジャーな移動手段として自転車を見直し、自転車社会の実現を図る。そのための自転車道路の増設を進める。

・更なる省エネ型機器への移行（ただし、省力効率考慮の上で、従来機器の十分な使用の後の切替え）。それに先だって暖房・冷房の使用削減、家電使用の節減。

・スマートグリッドの仕組みによって省エネ・省力を図る。―双方送電、蓄電の改革・改善、IT管理・マネジメントなど

・地球環境税の導入。ノルウェー、デンマーク、オーストラリアのガソリン価格は日本の1.5倍。これらの国では2000年前後に地球環境税を設けています。これに倣って地球環境税を導入する必要があります。

・自動車取得税、保有税、自動車重量税を引き上げる（エコカー、軽自動車には相対的に税の優遇を）。

・新築住宅を断熱強化型に（次世代省エネ基準を満たす部材を使用）。

・3R（Reduce〈リデュース〉、Reuse〈リユース〉、Recycle〈リサイクル〉の3つのRの総称）の活動などにより、省エネ、省力に努める。特にReduceで廃棄量を減らすとともに、エネルギー使用の削減を、日本を含む先進国の共通課題とします。中でもアメリカと日本に大きな問題があります。

・国連などによるエネルギー消費の削減・省力化の抜本的対策が、グローバルコモンズ

のあり方として進められる必要があります。

エネルギーは、地球資源の中でも最も枯渇が懸念されています。また、Ⅳ章で説明するEFを大きく損なっていると考えられます。このSDGs7でも再生可能エネルギーを活用すべきことを提言しているのです。

## 包摂的かつ持続可能な経済成長及びすべての人々の完全かつ生産的な雇用と働きがいのある人間らしい雇用を促進する

Goal 8: Promote sustainable economic growth and decent work for all.

### 目標8 ターゲット

8.1 各国の状況に応じて、一人当り経済成長率を持続させる。特に後発開発途上国は少なくとも年率7％の成長率を保つ。

8.2 高付加価値セクターや労働集約型セクターに重点を置くことなどにより、多様化、技術向上及びイノベーションを通じた高いレベルの経済生産性を達成する。

8.3 生産活動や適切な雇用創出、起業、創造性及びイノベーションを支援する開発重視型の政策を促進するとともに、金融サービスへのアクセス改善などを通じて中小零細企業の設立や成長を奨励する。

8.4 2030年までに、世界の消費と生産における資源効率を漸進的に改善させ、先進国主導の下、持続可能な消費と生産に関する10年計画枠組みに従い、経済成長と環境悪化の分断を図る。

8.5 2030年までに、若者や障害者を含むすべての男性及び女性の、完全かつ生産的な雇

8.6 ２０２０年までに、就労、就学及び職業訓練のいずれも行っていない若者の割合を大幅に減らす。

8.7 強制労働を根絶し、現代の奴隷制、人身売買を終らせるための緊急かつ効果的な措置の実施、最悪な形態の児童労働の禁止及び撲滅を確保する。２０２５年までに児童兵士の募集と使用を含むあらゆる形態の児童労働を撲滅する。

8.8 移住労働者、特に女性の移住労働者や不安定な雇用状態にある労働者など、すべての労働者の権利を保護し、安全・安心な労働環境を促進する。

8.9 ２０３０年までに、雇用創出、地方の文化振興・産品販促につながる持続可能な観光業を促進するための政策を立案し実施する。

8.10 国内の金融機関の能力を強化し、すべての人々の銀行取引、保険及び金融サービスへのアクセスを促進・拡大する。

8.a 後発開発途上国への貿易関連技術支援のための拡大統合フレームワーク（ＥＩＦ）などを通じた支援を含む、開発途上国、特に後発開発途上国に対する貿易のための援助を拡大する。

8.b ２０２０年までに、若年雇用のための世界的戦略及び国際労働機関（ＩＬＯ）の仕事に関する世界協定の実施を展開・運用化する。

**ＳＤＧｓ８の説明と提言**―働く喜び、経済成長（ＳＤＧｓ12も参照）―

①雇用の創出に努める

・一人当たり経済成長の維持、後発発展途上国の成長は年率７％の成長を保つ（図る）。
・技術向上により経済生産を達成する。
・生産と消費における資源効率の改善を図るのは大変よいことです。
・すべての男性・女性の雇用、そして働きがいの達成。
・発展途上国での雇用の創設をするためには軽工業の開拓・展開がよいでしょう。
・開発途上国においても、国内の金融セクターを強化し、ＳＤＧｓ８のリーズナブルな推進を可能にするのは将来に繋がるものです。

②ＧＤＰとの関連

・経済成長は人々の望むものですが、日本のようにほとんど伸びが止まった国もあります（表２―28）。自国益のみを考えることなく、開発・発展途上国をも配慮する姿勢を持ちたいものです。

表２—28　世界各国のGDP成長率　(単位　%)

| | 世界 | 日本 | 中国 | アメリカ | ドイツ | スウェーデン | アンゴラ | スーダン | コンゴ |
|---|---|---|---|---|---|---|---|---|---|
| 2014 | 2.8 | 0.4 | 7.3 | 2.6 | 1.9 | 1.4 | 4.1 | 1.6 | 9.5 |
| 2015 | 2.8 | 1.4 | 6.9 | 2.9 | 1.7 | 3.4 | 0.9 | 4.9 | 6.9 |
| 2016 | 2.4 | 0.9 | 7.2 | 1.5 | 1.9 | 3.3 | -0.7 | 3.0 | 2.4 |

・働く喜びも人々にとって、そして国の政治において必要です。
・日本の成長率は世界水準で低いことを知っておきましょう。
　中国は依然として成長傾向です、
・アフリカの開発途上国は７％ほどの成長が望ましいが、希望通りにはいかず、内乱・政治的混乱などがあると、たちまち低成長（ときにはマイナス成長）になります。

　ＳＤＧｓ８は、ＳＤＧｓ12と並列して進められるべきで、ＳＤＧｓ９（技術・開発）ともに、ＳＤＧｓ30全体の基盤・手段として、しっかりと展開して頂きたいものです。

9 産業と技術革新の基盤をつくろう

# 強靱なインフラ構築、包摂的かつ持続可能な産業化の促進及びイノベーションの推進を図る

Goal 9: Foster innovation and sustainable industrialization.

## 目標9 ターゲット

9.1 すべての人々に安価で公平なアクセスに重点を置いた経済発展と、人間の福祉を支援するために、地域・越境インフラを含む質の高い、信頼でき、持続可能かつ強靱（レジリエント）なインフラを開発する。

9.2 包摂的かつ持続可能な産業化を促進し、２０３０年までに各国の状況に応じて雇用及びＧＤＰに占める産業セクターの割合を大幅に増加させる。後発開発途上国については同割合を倍増させる。

9.3 特に開発途上国における小規模の製造業その他の企業の、安価な資金貸付などの金融サービスやバリューチェーン及び市場への統合へのアクセスを拡大する。

9.4 ２０３０年までに、資源利用効率の向上とクリーン技術及び環境に配慮した技術・産業プロセスの導入拡大を通じたインフラ改良や産業改善により、持続可能性を向上させる。すべての国々は各国の能力に応じた取り組みを行う。

9.5　２０３０年までにイノベーションを促進させることや１００万人当りの研究開発従事者数を大幅に増加させ、また官民研究開発の支出を拡大させるなど、開発途上国をはじめとするすべての国々の産業セクターにおける科学研究を促進し、技術能力を向上させる。

9.a　アフリカ諸国、後発開発途上国、内陸開発途上国及び小島嶼《とうしょ》開発途上国への金融・テクノロジー・技術の支援強化を通じて、開発途上国における持続可能かつ強靱なインフラ開発を促進する。

9.b　産業の多様化や商品への付加価値創造などに資する政策環境の確保などを通じて、開発途上国の国内における技術開発、研究及びイノベーションを支援する。

9.c　後発開発途上国において情報通信技術へのアクセスを大幅に向上させ、２０２０年までに普遍的かつ安価なインターネット・アクセスを提供できるよう図る。

**ＳＤＧｓ９の説明と提言**─技術・開発の推進、そしてそれぞれの産業化─

①先進国から開発途上国への研究や技術の供与
・各国（特に先進国）での科学研究、技術開発の推進、そしてその産業化。
・アフリカ諸国、後発開発途上国、小島嶼開発途上国での産業インフラの開発・促進。
・２０３０年までに資源利用率の向上と、環境に配慮した技術・産業のプロセスの導入拡大を通じたインフラ改良や産業改善により持続性を向上させる。すべての国がその能力に応じた取り組みを行う。

・産業の多様化や商品への付加価値創造に資するような政策を通じ、開発途上国の技術開発、研究及びイノベーションを支援することは長期的に成果を生むものと思います。

②先進諸国での技術開発の成果は、自国、当事業者により産業化されるとともに、開発途上国でも産業化されることが望ましいことです。

技術・開発（ＳＤＧｓ９）については、第Ｖ章でも詳述しますので、ご参照下さい。

10 人や国の不平等をなくそう

# 各国内及び各国間の不平等を是正する

Goal 10: Reduce inequality among countries.

## 目標10 ターゲット

10.1 2030年までに、各国の所得下位40%の所得成長率について、国内平均を上回る数値を漸進的に達成し、持続させる。

10.2 2030年までに、年齢、性別、障害、人種、民族、出自、宗教、あるいは経済的地位その他の状況に関わりなく、すべての人々の能力強化及び社会的、経済的及び政治的な包含を促進する。

10.3 差別的な法律、政策及び慣行の撤廃、ならびに適切な関連法規、政策、行動の促進などを通じて、機会均等を確保し、成果の不平等を是正する。

10.4 税制、賃金、社会保障政策をはじめとする政策を導入し、平等の拡大を漸進的に達成する。

10.5 世界金融市場と金融機関に対する規制とモニタリングを改善し、こうした規制の実施を強化する。

10.6 地球規模の国際経済・金融制度の意思決定における開発途上国の参加や発言力を拡大さ

せることにより、より効果的で信用力があり、説明責任のある正当な制度を実現する。

10.7 計画に基づき良く管理された移民政策の実施などを通じて、秩序のとれた、安全で規則的かつ責任ある移住や流動性を促進する。

10.a 世界貿易機関（ＷＴＯ）協定に従い、開発途上国、特に後発開発途上国に対する特別かつ異なる待遇の原則を実施する。

10.b 各国の国家計画やプログラムに従って、後発開発途上国、アフリカ諸国、小島嶼開発途上国及び内陸開発途上国をはじめとする、ニーズが最も大きい国々への、政府開発援助（ＯＤＡ）及び海外直接投資を含む資金の流入を促進する。

10.c ２０３０年までに、移住労働者による送金コストを３％未満に引き下げ、コストが５％を越える送金経路を撤廃する。

**ＳＤＧｓ10の説明と提言**—各国の内部、国と国の間の不平等の是正（特に経済生産性）—

①各国の経済成長、それとともに各国内での低所得層の経済成長。

・２０３０年までに年齢、性別、人種、民族、宗教などに関わりない、差別のない所得の向上を目指す。

・後発開発途上国、アフリカ諸国、小島嶼《とうしょ》開発途上国の所得の増大が大変必要です（冒頭の「経済的与件」の中でも述べています)。
・2030年までに、各国の所得下位40％の成長が国内平均を上回ることを、漸進的に達成し、持続させる、

②国益のためのGDPの増大は、多くの国、政府の方針ですが、各国内における所得格差の大きさが、経済政策の成り行き次第で広がっており、これを正すのもSDGsでの課題となっています。先進国においてもこの問題は大きく、特に日本での現状は深刻です。

SDGs30アジェンダ全体にとっての理念ともなっているSDGs10の実践は、必須のものです。そのためにもSDGs17の姿勢・活動の積極性がより必要になります。

11 住み続けられるまちづくりを

# 包摂的で安全かつ強靱で持続可能な都市及び人間居住を実現する

Goal 11: Make human settlements safe, resilient and sustainable.

## 目標11 ターゲット

11.1 ２０３０年までに、すべての人々の、適切、安全かつ安価な住宅及び基本的サービスへのアクセスを確保し、スラムを改善する。

11.2 ２０３０年までに、脆弱な立場にある人々、女性、子ども、障害者及び高齢者のニーズに特に配慮し、公共交通機関の拡大などを通じた交通の安全性改善により、すべての人々に、安全かつ安価で容易に利用できる、持続可能な輸送システムへのアクセスを提供する。

11.3 ２０３０年までに、包摂的かつ持続可能な都市化を促進し、すべての国々の参加型、包摂的かつ持続可能な人間居住計画・管理の能力を強化する。

11.4 世界の文化遺産及び自然遺産の保護・保全の努力を強化する。

11.5 ２０３０年までに、貧困層及び脆弱な立場にある人々の保護に焦点を当てながら、水関連災害などによる死者や被災者数を大幅に削減し、世界の国内総生産比で直接的経済損失を大幅に減らす。

11.6　2030年までに、大気の質及び一般並びにその他の廃棄物の管理に特別な注意を払うことによるものを含め、都市の一人当りの環境上の悪影響を軽減する。

11.7　2030年までに、女性、子ども、高齢者及び障害者を含め、人々に安全で包摂的かつ利用が容易な緑地や公共スペースへの普遍的アクセスを提供する。

11.a　各国・地域規模の開発計画の強化を通じて、経済、社会、環境面における都市部、都市周辺部及び農村部間の良好なつながりを支援する。

11.b　2020年までに、包含、資源効率、気候変動の緩和と適応、災害に対する強靱さ（レジリエンス）を目指す総合的政策及び計画を導入・実施した都市及び人間居住地の件数を大幅に増加させ、仙台防災枠組2015-2030（注）に沿って、あらゆるレベルでの総合的な災害リスク管理の策定と実施を行う。

11.c　財政的及び技術的な支援などを通じて、後発開発途上国における現地の資材を用いた、持続可能かつ強靱（レジリエント）な建造物の整備を支援する。

（注）2015年3月に宮城県仙台市で開催された第3回国連防災世界会議で採択された成果文章です。この仙台防災枠組2015-2030には、今後世界全体が防災に関して目指していく目標について記されてあり、防災に関して向こう15年間で取り組むべき内容が書かれています。

**ＳＤＧｓ11の説明と提言**―住居・運輸などにおける居住環境の整備―

①居住環境や運輸事情、水や大気の汚染改善

・２０３０年までにスラムの極少化を目指す。

・子ども、女性、高齢者などに配慮し、公共交通機関の利便性の改善、持続可能な輸送システムを提供する。そして障碍者への配慮も行い、すべての弱者への持続可能な輸送システムへのアクセスを提供するのは大変よいことです、

・大気の質および廃棄物の管理に特別の注意を払うことによって、一人当りの環境の悪影響を軽減し、２０３０年までに大気汚染の改善と一般廃棄物の大幅な削減を図ります。

住居の密集した途上国の大都市では、工場排水と未処理の汚水によって下水と同様の水質になっていて、居住環境は極度に劣悪です。ＳＤＧｓ６との関連もあり、この点の改善が望ましいといえます。

12 つくる責任 つかう責任

# 持続可能な生産・消費の形態を確保する

Goal 12: Ensure sustainable consumption and production patterns.

## 目標12 ターゲット

12.1 開発途上国の開発状況や能力を勘案しつつ、持続可能な消費と生産に関する10年計画枠組み（10YFP）を実施し、先進国主導の下、すべての国々が対策を講じる。

12.2 2030年までに天然資源の持続可能な管理及び効率的な利用を達成する。

12.3 2030年までに小売・消費レベルにおける世界全体の一人当りの食料の廃棄を半減させ、収穫後損失などの生産・サプライチェーンにおける食品ロスを減少させる。

12.4 2020年までに、合意された国際的な枠組みに従い、製品ライフサイクルを通じ、環境上適正な化学物質やすべての廃棄物の管理を実現し、人の健康や環境への悪影響を最小化するため、化学物質や廃棄物の大気、水、土壌への放出を大幅に削減する。

12.5 2030年までに、廃棄物の発生防止、削減、再生利用及び再利用により、廃棄物の発生を大幅に削減する。

12.6 特に大企業や多国籍企業などの企業に対し、持続可能な取り組みを導入し、持続可能性に関する情報を定期報告に盛り込むよう奨励する。

12.7 国内の政策や優先事項に従って持続可能な公共調達の慣行を促進する。

12.8 2030年までに、人々があらゆる場所において、持続可能な開発及び自然と調和したライフスタイルに関する情報と意識を持つようにする。

12.a 開発途上国に対し、より持続可能な消費・生産形態の促進のための科学的・技術的能力の強化を支援する。

12.b 雇用創出、地方の文化振興・産品販促につながる持続可能な観光業に対して持続可能な開発がもたらす影響を測定する手法を開発・導入する。

12.c 開発途上国の特別なニーズや状況を十分考慮し、貧困層やコミュニティを保護する形で開発に関する悪影響を最小限に留めつつ、税制改正や、有害な補助金が存在する場合はその環境への影響を考慮してその段階的廃止などを通じ、各国の状況に応じて、市場のひずみを除去する、化石燃料に対する非効率な補助金を合理化する。

**SDGs 12の説明と提**言―生産・消費、天然資源の管理―

①生産過程での再生利用・再利用、効率化。生産、消費時の廃棄物削減。

・2030年までに天然資源の持続可能な管理、そして効率利用。

**表2―29　先進国の1人当りの一般廃棄物排出量　(単位　kg／年)**

| | 日本 | アメリカ | イギリス | スウェーデン | フランス |
|---|---|---|---|---|---|
| 2005 | 411 | 780 | 583 | 476 | 530 |
| 2010 | 353 | 738 | 505 | 438 | 533 |
| 2016 | 344 | 738 | 482 | 447 | 512 |

・2030年までに廃棄物の発生防止・削減、再生利用・再利用などにより（特に産業）廃棄物の発生の大幅削減は、是非その履行が進むことを期待します、

・小売・消費レベルにおける1人当りの食料の廃棄を半減させる。それに先立ち生産、サプライチェーンにおける食品ロスの減少、これは大変差し迫った解決すべき大切な課題です。地球資源は有限なのです。

②先進国にみる廃棄物排出量。

・表2―29でわかるように、アメリカは排出量が多くあまり削減は進んでいません。スウェーデンをはじめ欧州諸国のゴミの削減は進んでいますが、この点については日本も分別の履行を行いつつ削減の成果は出ています。今後もこの点は他国のお手本となり続けたいものです。

・SDGs14、15とも関連しますが、きれいな環境の保全のために、廃棄物の発生を極少化に心掛けたいものです。

ＳＤＧｓ12は、ＳＤＧｓ30アジェンダの活動・推進の大変重要な要素（インフラ）であって、その中で資源枯渇の懸念と効率的対応を重点課題にしています（第Ⅳ章も参照）。

## 気候変動及びその影響を軽減するための緊急対策を講じる（注）

**Goal 13: urgent action to combat climate change and its impacts.**

（注）国連気候変動枠組条約（UNFCCC）が、気候変動への世界的対応について交渉を行う基本的な国際的、政府間対話の場であると認識している。

２０１８年の台風21号、直近２０１９年の台風15、19号はまさに気候変動による大災害の実例ですね。

### 目標13 ターゲット

13.1 すべての国々において、気候関連災害や自然災害に対する強靭性（レジリエンス）及び適応の能力を強化する。

13.2 気候変動対策を国別の政策、戦略及び計画に盛り込む。

13.3 気候変動の緩和、適応、影響軽減及び早期警戒に関する教育、啓発、人的能力及び制度機能を改善する。

13.a 重要な緩和行動の実施と、その実施における透明性確保に関する開発途上国のニーズに対応するため、２０２０年までにあらゆる供給源から年間１０００億ドルを共同で動員するという、UNFCCCの先進締約国によるコミットメントを実施するとともに、可能な限り速やかに資本を投入して緑の気候基金を本格始動させる。

13.b 後発開発途上国及び小島嶼《とうしょ》開発途上国において、女性や青年、地方及び社会的に疎外されたコミュニティに焦点を当てることを含め、気候変動関連の効果的な計画策定と管理のための能力を向上するメカニズムを推進する。

## 持続可能な開発のために海洋・海洋資源を保全し、持続可能な形で利用する

**Goal 14: Conserve and use the marine resources for sustainable development.**

### 目標14 ターゲット

14.1 ２０２５年までに、海洋ゴミや富栄養化を含む、特に陸上活動による汚染など、あらゆる種類の海洋汚染を防止し、大幅に削減する。

14.2 2020年までに、海洋及び沿岸の生態系に関する重大な悪影響を回避するため、強靱性（レジリエンス）の強化などによる持続的な管理と保護を行い、健全で生産的な海洋を実現するため、海洋及び沿岸の生態系の回復のための取り組みを行う。

14.3 あらゆるレベルでの科学的協力の促進などを通じて、海洋酸性化の影響を最小限化し、対処する。

14.4 水産資源を、実現可能な最短期間で少なくとも各資源の生物学的特性によって定められる最大持続生産量のレベルまで回復させるため、2020年までに、漁獲を効果的に規制し、過剰漁業や違法・無報告・無規制（IUU）漁業及び破壊的な漁業慣行を終了し、科学的な管理計画を実施する。

14.5 2020年までに、国内法及び国際法に則り、最大限入手可能な科学情報に基づいて、少なくとも沿岸域及び海域の10％を保全する。

14.6 開発途上国及び後発開発途上国に対する適切かつ効果的な、特別かつ異なる待遇が、世界貿易機関（WTO）漁業補助金交渉の不可分の要素であるべきことを認識した上で、2020年までに、過剰漁獲能力や過剰漁獲につながる漁業補助金を禁止し、違法・無報告・無規制（IUU）漁業につながる補助金を撤廃し、同様の新たな補助金の導入を抑制する（注）。

14.7 2020年までに、漁業、水産養殖及び観光の持続可能な管理などを通じ、小島嶼《とうしょ》開発途上国及び後発開発途上国の海洋資源の持続的な利用による経済的便益を増大させる。

14.a 海洋の健全性の改善と、開発途上国、特に小島嶼開発途上国および後発開発途上国の開発における海洋生物多様性の寄与向上のために、海洋技術の移転に関するユネスコ政府間海洋学委員会の基準・ガイドラインを勘案しつつ、科学的知識の増進、研究能力の向上、及び海洋技術の移転を行う。

14.b 小規模・沿岸零細漁業者に対し、海洋資源及び市場へのアクセスを提供する。

14.c 「我々の求める未来」のパラ158において想起される通り、海洋及び海洋資源の保全及び持続可能な利用のための法的枠組みを規定する海洋法に関する国際連合条約（UNCLOS）に反映されている国際法を実施することにより、海洋及び海洋資源の保全及び持続可能な利用を強化する。

（注）現在進行中の世界貿易機関（WTO）交渉およびWTOドーハ開発アジェンダ、ならびに香港閣僚宣言のマンデートを考慮。

## 陸域生態系の保護、回復、持続可能な利用の推進、持続可能な森林の経営、砂漠化への対処、ならびに土地の劣化の阻止・回復及び生物多様性の損失を阻止する

Goal 15: Promote sustainability of terrestrial ecosystems and forests.

### 目標15 ターゲット

15.1 2020年までに、国際協定の下での義務に則って、森林、湿地、山地及び乾燥地をはじめとする陸域生態系と内陸淡水生態系及びそれらのサービスの保全、回復及び持続可能な利用を確保する。

15.2 2020年までに、あらゆる種類の森林の持続可能な経営の実施を促進し、森林減少を阻止し、劣化した森林を回復し、世界全体で新規植林及び再植林を大幅に増加させる。

15.3 2030年までに、砂漠化に対処し、砂漠化、干ばつ及び洪水の影響を受けた土地などの劣化した土地と土壌を回復し、土地劣化に荷担しない世界の達成に尽力する。

15.4 2030年までに持続可能な開発に不可欠な便益をもたらす山地生態系の能力を強化するため、生物多様性を含む山地生態系の保全を確実に行う。

15.5 自然生息地の劣化を抑制し、生物多様性の損失を阻止し、2020年までに絶滅危惧種を保護し、また絶滅防止するための緊急かつ意味のある対策を講じる。

15.6 国際合意に基づき、遺伝資源の利用から生ずる利益の公正かつ衡平な配分を推進するとともに、遺伝資源への適切なアクセスを推進する。

15.7 保護の対象となっている動植物種の密猟及び違法取引を撲滅するための緊急対策を講じるとともに、違法な野生生物製品の需要と供給の両面に対処する。

15.8 2020年までに、外来種の侵入を防止するとともに、これらの種による陸域・海洋生態系への影響を大幅に減少させるための対策を導入し、さらに優先種の駆除または根絶を行う。

15.9 2020年までに、生態系と生物多様性の価値を、国や地方の計画策定、開発プロセス及び貧困削減のための戦略及び会計に組み込む。

15.a 生物多様性と生態系の保全と持続的な利用のために、あらゆる資金源からの資金の動員及び大幅な増額を行う。

15.b 保全や再植林を含む持続可能な森林経営を推進するため、あらゆるレベルのあらゆる供給源から、持続可能な森林経営のための資金の調達と開発途上国への十分なインセンティブ付与のための相当量の資源を動員する。

15.c 持続的な生計機会を追求するために地域コミュニティの能力向上を図る等、保護種の密猟及び違法な取引に対処するための努力に対する世界的な支援を強化する。

**ＳＤＧｓ13、14、15の説明と提言**―地球環境問題、基本中の基本の集約―

①すべての国において気候関連災害や自然災害に対する強靭性と適応能力を強化する。

・UNFCCでのコミットメントを実施するべく、資本を速やかに投入し、緑の気候基金を本格始動させる。

・２０２５年までにあらゆる種類の海洋汚染を防止し、大幅に削減する。

・２０２０年までに過剰漁業や違法漁業を終了し、科学的な管理計画を実施する。

・２０２０年までに森林減少を阻止し、世界での新規植林、再植林を大幅に増加させる。

・２０３０年までに砂漠化、洪水に対処して、劣化した土地と土壌を回復し、土地劣化に加担しない世界の達成に尽力する。

・暴風、豪雨に起因する大災害が頻繁に発生しています、**気候変動による災害の発生メカニズム**には、不確かなところもありますが、**温暖化が大きな一因となっている**のは確かです。温暖化防止のためのパリ協定の各国による履行を進めて貰いたいものです。

・本年（２０１９年）のＧ20で、海洋プラスチックの全廃を決議しています。

・森林の価値は予てより指摘され、その対策（植林）はＮＧＯ、ＮＰＯなどによってもサポートされています。

**表２―30　先進諸国の温室効果ガス排出量**　（単位　Co₂換算100万トン）

| | 日本 | アメリカ | スウェーデン | ドイツ | フランス |
|---|---|---|---|---|---|
| 1990 | 1266.7 | 6355.6 | 71.5 | 1251.6 | 549.3 |
| 2000 | 1372.2 | 7216.6 | 68.6 | 1045.0 | 554.7 |
| 2010 | 1300.3 | 6922.9 | 64.4 | 942.8 | 516.8 |
| 2016 | 1304.6 | 6511.3 | 52.9 | 909.4 | 465.1 |

②温室効果ガスの削減。

・気候変動の中でも取り分け温室効果ガスが問題となっています。表２―30で分かるように西欧諸国は押しなべて排出減を実現中です。しかし日本はアメリカと並んで、減少の推移が見られているとはいえません。もっと削除を図らなければなりません。

③このＳＤＧｓ13、14、15の地球環境的事項の重大性に鑑み、世界的課題の**パリ協定に**ついて検討吟味を記述します。パリ協定は、**脱ＣＯ２**を目指してＣＯＰ21（国連気候変動会議）で２０１５年に採択されました。その概要は次の通りです。

・世界全体の温室効果ガス排出量削減のための方針と長期目標の設定、パリ協定の全体目標は世界の平均気温上昇を産業革命前と比較して２℃未満に抑えること。加えて、1.5℃に気温上昇を抑制する努力目標も規定されています。そしてこれらの目標を達成するために、21世紀後半までに人間活動による温室効果ガスの排出量を実質的に0にする方向性、そして気候変動の脅威に対する対応を強化することを目的としています。

・今世紀の後半に人為的な温室効果ガスの排出の削減を行う（2、3条）。各締約国はその目的を達成するために国内措置をとり、COP21の決定に従って「貢献」を5年ごとに提出する（4条）。先進締約国はまた、開発途上締約国を支援する資金を提供する（9条）。55％以上を占める数の締約国、または世界総排出量の55％以上の国の締約国が協定締結した日の後30日目に効力を生ずる（21条）。この要件を満たした2016年11月4日にパリ協定は発効の運びとなりました。

・各国の温室効果ガス排出量削減目標の設定。

この協定で定めた長期目標を達成するために、各国は先ず2025年または2030年までの温室効果ガス排出量削減目標をそれぞれ自主的に設定し、進捗状況を報告して専門家によるレビューを受けることになっています。これまで削減目標の設定義務のなかった途上国も含まれます。なお、**日本は2030年までに、2013年比で26％削減する公約**を提出しています（2015年12月COP21にて提案）。

・次に排出量の多い主な国や地域の削減目標を一覧してみましょう（表2―31）。これは2015年10月時点の報道発表によるものですが、各国にはこれ以上のものが求められ

**表2―31　主な国・地域の温室効果ガス削減目標**

| | 削減比率と期限 | 備考 |
|---|---|---|
| 日本 | 2013年比　2030年までに26% | 2050年に80%削減を閣議決定 |
| アメリカ | 2005年比　2030年までに26～28% | 2017年6月にパリ協定離脱<br>数値目標も取り消し |
| EU | 1990年比　2030年までに40% | |
| 中国 | 2005年比　2030年までに60～65% | GDP当りの$Co_2$排出量 |
| インド | 2005年比　2030年までに33～35% | GDP当りの$Co_2$排出量 |

ています。何故ならば現レベルでは、気温の上昇幅が3℃になってしまうからです。

・途上国・気候変動の影響を受けやすい国々への援助。温室効果ガス排出削減に支援が必要な国に対して、先進国中心に資金・技術支援を積極的に進めることが定められました。また、すでに気候変動の影響を受けている国々に対しては、救済を行うための国際的仕組みを整えていくことになりました。以上がパリ協定の枠組みです。

そして、2019年9月23日の気候変動サミットで、2050年に実質ゼロが77ヵ国により表明されました（強化）。しかし、日本、アメリカは賛同していません。

パリ協定の目標年2025～2030に向けて、日本を含む先進諸国では温室効果ガスの削減をはじめなければばならないのです。

２０１８年12月２日よりブエノスアイレスで始まったＣＯＰ24、そして時を前後して行われたＧ20で、アメリカのパリ協定からの離脱が再度確認されました。

パリ協定合意で前進した部分もありますが、アメリカなどとの間で足並みが揃わない部分もあり、現実の履行には難しさもあるでしょう。日本は２０１９年のＧ20で議長国になるので、調整を果たす役割を担っていたのですが……。

そして、世界は脱炭素社会へとすでに動き出しており、ＵＮＥＰ（国連環境計画）によると、２０１５年の再生可能エネルギーへの投資額は過去最高の２８５９億ドル（30兆円）に上がった、そして２０４０年までには、累積投資額として再生可能エネルギー１４００兆円が見込まれる（ＩＥＡ数値）ほどの巨大な額であり、日本としては大変なビジネスチャンスとしてとらえ、再生可能エネルギーを伸ばし、そのための素材・用途開発を強化することが重要です。


今や持続性＝Sustainability が環境倫理においてもメインな事柄となっています。また「持続性」は、前述したパリ協定とも色濃く関連しています。

**表2―32　平均気温の上昇とその影響**

| | 1.5℃上昇の場合 | 2℃上昇の場合 |
|---|---|---|
| 定期的に熱波に襲われる人の割合 | 世界人口の13.8% | 世界人口の13.8%<br>+17億人 |
| 極度の干ばつに襲われる人 | 11430万人 | 19040万人 |
| 洪水のリスクにさらされる人<br>1976～2005年比 | 2倍 | 2.7倍 |
| 2100年までの海水面上昇<br>1986～2005年比 | +26～77㎝ | 左欄より10㎝高い<br>1000万人に影響 |
| 生物多様性の喪失 | 昆虫、植物、動物、サンゴ<br>生息域70～90%減 | さらに影響は大、サンゴ<br>生息域99以上%減 |
| 北極での夏の氷の消失頻度 | 100年に1度 | 10年に1度 |

④ＩＰＣＣ（国連気候変動に関する政府間パネル）による気温上昇への警鐘。

表2―32にあるように、1.5℃上昇で旱ばつ被害は約1.1億人、洪水リスク2倍。そして2℃上昇では度合がさらに悪化する。

・「パリ協定」は、産業革命以降の気温上昇を2℃に、できれば1.5℃以下に抑えることを目標にしており、そのためには2050年頃までに、再生可能エネルギーの比率を70～85%に引き上げ、石炭火力発電をゼロに近づけなければならないと厳しい水準を示しています。

これらの大きな問題解決のために、SDGs17の「目標」とターゲットが現在から将来にわたって必要である所以であります。

表2—33　日本における走行様式別の比率

| | HV（ハイブリッド車） | EV（電気自動車）と PHV（プラグインハイブリッド車） | FCV（水素燃料電池車） |
|---|---|---|---|
| 2017 | 31.2%（＝137万台） | 1.23%（＝5.4万台） | 0.02%（＝849台） |
| 2030 | 30（～40）% | 20（～30）%に大幅アップ | 3%以上に急上昇 |

表2—34　EV、PHVが全車両に占める比率

| | 中国 | アメリカ | 日本 |
|---|---|---|---|
| 2013 | 12% | 37% | 22% |
| 2017 | 44%大幅増加 | 13%大幅減少 | 15%やや減少 |

⑤環境汚染の抑制に対応する次世代自動車の動向は、近未来のエネルギー源に深く関わります。

・当局は2010年にまとめた「次世代自動車戦略」でPHV（プラグインハイブリッド）車とEV（電気）車の比率を、2030年に国内新車販売の20～30%とすることを掲げていますが、現実は17年の比率が約1%・約5万台に留まっています。一方中国はEV市場で主導権を握ろうと、すでに約60万台になっていて、日本に大きく水をあけているとの報道です。この遅れを取り戻すために、日本でもリチウムイオン電池以上の航続距離と安全性を持つ次世代電池の開発が不可欠であるとされています。

・国内メーカーでは、EV（電気自動車）でN社が開発に前向きで、T社はHV（ハイブ

リッド車）を得意としています。さらにその先にはＦＣＶ（水素燃料電池車）が大きく期待されますが、将来の方向性であるので、この予想では控え目に留まっています。

・また、生産シェアーとしてＥＶ、ＰＨＶ（プラグインハイブリッド車）が全車両に占める比率は表2―34のとおりです（２０１８年4月）。

現在及び今後を考えてＥＶ、ＰＨＶにおける中国の躍進が顕著であり、強い日本の自動車工業を脅かしかねません。今後伸びる製品のＥＶ、ＰＨＶにおいて日本としてもっと力を入れるべきであり、さらに将来性豊かな水素燃料電池車で、中国ではすでにバス（路線の妙味より）で使用をはじめており、日本でもその開発を強化すべきです。

当局の２０５０年までの「すべて電動化」にはＨＶ（ハイブリッド車）を含んでおり、世界の潮流に立ち遅れることになる可能性があるのではないかと危惧いたします。

16 平和と公正をすべての人に

# 持続可能な開発のための平和で包摂的な社会を促進し、すべての人々に司法へのアクセスを提供し、あらゆるレベルにおいて効果的で説明責任のある包摂的な制度を構築する

Goal 16: Promote peaceful and sustainable societies.

## 目標16 ターゲット

16.1 あらゆる場所において、すべての形態の暴力及び暴力に関連する死亡率を大幅に減少させる。

16.2 子どもに対する虐待、搾取、取引及びあらゆる形態の暴力及び拷問を撲滅する。

16.3 国家及び国際的なレベルでの法の支配を促進し、すべての人々に司法への平等なアクセスを提供する。

16.4 2030年までに、違法な資金及び武器の取引を大幅に減少させ、奪われた財産の回復及び返還を強化し、あらゆる形態の組織犯罪を根絶する。

16.5 あらゆる形態の汚職や贈賄を大幅に減少させる。

16.6 あらゆるレベルにおいて、有効で説明責任のある透明性の高い公共機関を発展させる。

16.7 あらゆるレベルにおいて、対応的、包摂的、参加型及び代表的な意思決定を確保する。

16.8 グローバル・ガバナンス機関への開発途上国の参加を拡大・強化する。

16.9　２０３０年までに、すべての人々に出生登録を含む法的な身分証明を提供する。

16.10　国内法規及び国際協定に従い、情報への公共アクセスを確保し、基本的自由を保障する。

16.a　特に開発途上国において、暴力の防止とテロリズム・犯罪の撲滅に関するあらゆるレベルでの能力構築のため、国際協力などを通じて関連国家機関を強化する。

16.b　持続可能な開発のための非差別的な法規及び政策を推進し、実施する。

**SDGs16の説明と提言**─平和な社会、司法へのアクセス、説明責任のある制度の実現─

①法の支配の下、社会正義を確立する。

・法の支配を絶対的なものとして遵守し、司法への平等なアクセスを提供する。そのための警察、治安組織の強化、充実。

・汚職、贈・収賄の大幅な減少を目指す。

・特に開発途上国に於ける暴力、テロリズム・犯罪等の撲滅があげられていますが、是非実現すべきです。

②治安の維持と武器の削減。

・誰もが治安のよい国に住むことを願っています、日本でも例外的に、凶悪な殺傷事件が

表２—35　SDGs16のターゲットの情報説明

| ターゲットの分類 | 具体的ターゲット |
|---|---|
| 暴力、虐待、拷問の禁止 | あらゆる場所においてすべての形態の暴力とそれに関する死亡率を大幅に減少させる<br>子どもに対する虐待、搾取、人身売買、あらゆる形態での暴力と拷問を根絶する |
| 法の支配、司法への平等なアクセス | 国内および国際的なレベルでの法の支配を促進し、すべての人々に司法への平等なアクセスを提供する |
| 違法資金と武器取引の規制 | 2030年までに違法な資金と武器の取り引きを大幅に減少させ、奪われた財産の回復を強化し，組織犯罪を根絶する |
| 汚職・賄賂の減少 | あらゆる形態の汚職や賄賂を大幅に減少させる |
| 政府の透明性・説明責任 | あらゆるレベルにおいて、有効で説明責任を持つ、透明性の高い制度を発展させる |
| 参加型の意思決定の確保 | あらゆるレベルにおいて対応的でインクルーシブで参加型で代表を伴った意思決定を保障する |
| グローバルガバナンス機関への参加 | グローバルガバナンス機関への発展途上国の参加を拡大・強化する |
| 法的な身分証明の提供 | 2030までに、すべての人々に出生登録を含む法的な身分証明を保証する |
| 基本的自由の保障 | 国内法規と国際協定に従い、情報への公共アクセスを確保し、基本的自由を保障する |

ありますが、例外のない平穏な社会になって欲しいと思います。

・持続可能な開発なくして「平和と安全」はなく、またＳＤＧｓ16の平和とガバナンス、前記の①が履行されてはじめてＳＤＧｓ全体が安心して進捗します。

・国連の他の理事会絡みの問題ではありますが、大量破壊を含むあらゆる武器・兵器の大幅な削減は大変望ましいことです。

# 持続可能な開発のための実施手段を強化し、グローバル・パートナーシップを活性化する

17 パートナーシップで目標を達成しよう

目標17

Goal 17: Strengthen and revitalize Global Partnership for Sustainable Development.

## ターゲット

［資金］

17.1 課税及び徴税能力の向上のため、開発途上国への国際的な支援なども通じて、国内資源の動員を強化する。

17.2 先進国は、開発途上国に対するODAをGNI（国民総所得）比0.7％に、後発開発途上国に対するODAをGNI比0.15～0.20％にするという目標を達成するとの多くの国によるコミットメントを含むODAに係るコミットメントを完全に実施する。ODA供与国が、少なくともGNI比0.20％のODAを後発開発途上国に供与するという目標の設定を検討することを奨励する。

17.3 複数の財源から、開発途上国のための追加的資金源を動員する。

17.4 必要に応じた負債による資金調達、債務救済及び債務再編の促進を目的とした協調的な政策により、開発途上国の長期的な債務の持続可能性の実現を支援し、重債務貧困国（H

ＩＰＣ）の対外債務への対応により債務リスクを軽減する。

17.5 後発開発途上国のための投資促進枠組みを導入及び実施する。

［技術］

17.6 科学技術イノベーション（ＳＴＩ）及びこれらへのアクセスに関する南北協力、南南協力及び地域的・国際的な三角協力を向上させる。また、国連レベルをはじめとする既存のメカニズム間の調整改善や、全世界的な技術促進メカニズムなどを通じて、相互に合意した条件において知識共有を進める。

17.7 開発途上国に対し、譲許的・特恵的条件などの相互に合意した有利な条件の下で、環境に配慮した技術の開発、移転、普及及び拡散を促進する。

17.8 ２０１７年までに、後発開発途上国のための技術バンク及び科学技術イノベーション能力構築メカニズムを完全運用させ、情報通信技術（ＩＣＴ）をはじめとする実現技術の利用を強化する。

［能力構築］

17.9 すべての持続可能な開発目標を実施するための国家計画を支援するべく、南北協力、南南協力及び三角協力などを通じて、開発途上国における効果的かつ的をしぼった能力構築の実施に対する国際的な支援を強化する。

［貿易］

17.10 ドーハ・ラウンド（ＤＤＡ）交渉の結果を含めた世界貿易機関（ＷＴＯ）の下での普遍的でルールに基づいた、差別的でない、公平な多角的貿易体制を促進する。

17.11 開発途上国による輸出を大幅に増加させ、特に２０２０年までに世界の輸出に占める後発開発途上国のシェアを倍増させる。

17.12 後発開発途上国からの輸入に対する特恵的な原産地規則が透明で簡略的かつ市場アクセスの円滑化に寄与するものとなるようにすることを含む世界貿易機関の決定に矛盾しない形で、すべての後発開発途上国に対し、永続的な無税・無枠の市場アクセスを適時実施する。

**ＳＤＧｓ17の説明と提言**―持続可能な開発のためのパートナーシップ―

①さまざまな協力態勢。

・資金―先進国によるＯＤＡ供与はＧＮＩ比0.15～0.20％を目標とし、これを完全にコミッ

表2—36　主な先進国のODA額（2017年）

| | ODA額（10億ドル） |
|---|---|
| アメリカ | 36.26 |
| ドイツ | 25.0 |
| イギリス | 17.94 |
| 日本 | 11.48 |
| スウェーデン | 5.5 |

表2—37　対GNI比率（2017年）

| | GNI比率（%） |
|---|---|
| スウェーデン | 1.01 |
| イギリス | 0.70 |
| ドイツ | 0.66 |
| 日本 | 0.23 |
| アメリカ | 0.18 |

トする。

・技術—発途上国に対して、技術の開発、移転、普及、拡散を促進する。

・能力構築—すべての持続可能な開発目標が達成されるように、開発途上国の計画作りに対して、国際的な支援を強化する。

② ODA供与の状況。

・SDGsの思想・理念・共助の全体が、このパートナーシップ（オーケストレーション）によって表現されています。他の章（特に終章）での記述も参照して下さい。

・アメリカは最大のODA供与国、しかし対GNI比率は0.20％以下で低い水準です。西欧諸国はその比率は高く、特にドイツ、イギリスは額も二位、三位で、このような点での貢献は大きい。日本は額も比率ももう少し改善して、世界に対する貢献を果たしてもらいたいものです。

**表2―38　ODAの地域別分配の動向**（%）

| | サハラ以南南アフリカ | 南・中央アジア | 東アジア太平洋 | 中東・北アフリカ | ヨーロッパ | ラテンアメリカカリブ海 |
|---|---|---|---|---|---|---|
| 2014～16 | 49.7 | 16.6 | 5.5 | 15.7 | 3.0 | 9.6 |
| 2010～11 | 40.7 | 25.2 | 5.0 | 15.9 | 2.4 | 11.4 |
| 2005～06 | 24.1 | 13.5 | 4.2 | 45.4 | 3.4 | 9.4 |

**表2―39　【参考】1人当りのGDP**（名目：米ドル）

| | 日本 | 中国 | バングラディシュ | アメリカ | ドイツ | エチオピ | コンゴ | ケニア |
|---|---|---|---|---|---|---|---|---|
| 2014 | 37,244 | 1,747 | 402 | 44,366 | 35,035 | 159 | 219 | 597 |
| 2015 | 38,968 | 7,993 | 1,355 | 57,808 | 42,456 | 687 | 512 | 1,455 |

**表2―40　ODAの対象分野**（%）

| | | | |
|---|---|---|---|
| 教育、保健、人口 | 18.6 | プログラム援助 | 1.3 |
| その他社会インフラストラクチャー | 15.5 | 債務救済 | 1.9 |
| 経済インフラストラクチャー | 18.2 | 人道援助 | 11.8 |
| 生産 | 5.6 | 分類不能 | 17.3 |
| 多セクター（数種） | 9.8 | | |

・日本は比率が異なっていて、経済インフラストラクチャーが最大で、51.9%を占めています。それで良いのかの指摘もあがっていますが……。

SDGs17は、他のすべてのSDGsに関わり、それらを活性化し、グローバルに成果を出そうとするものです。パートナーシップが十分に発露されることが非常に大切です。象徴的には、オーケストレーションされて、SDGs展開が円滑に、充分に起動されることを強く希望します。

表2―41　高額所得国におけるSDGs達成度（Kroll指標）

| 順位 | 国名 | スコア |
|---|---|---|
| 1 | スウェーデン | 7.86 |
| 2 | ノルウェー | 7.79 |
| 3 | デンマーク | 7.55 |
| 6 | ドイツ | 7.08 |
| 10 | フランス | 6.94 |
| 13 | 日本 | 6.91 |
| 29 | アメリカ | 5.95 |

＜補足＞

ＳＤＧｓの課題についての構想・提案、履行の展開、実践の評価などを指標とする達成度を、Kroll指標によって表わしたのが表2―41です。

Kroll 法は、DouglassとKrollによる競合関係（ここではＳＤＧｓの達成度合い）の指標です。

これによると、西欧諸国は達成度が進んでいます。一方日本、アメリカ、特にアメリカのＳＤＧｓに取り組む姿勢の進捗度は低く、これらスコアの低い国では、ＳＤＧｓに対するよりいっそうの積極的な認識と、実現の努力が、持続可能な開発目標＝ＳＤＧｓの推進のために必要でしょう。

# 第Ⅲ章

# SDGsは
# しっかりと進むでしょう

## 第1節　SDGsの中でも重要な目標と、そのSDGsの実現に絡む評価

①SDGs17はどれもが欠くべからざるものですが、目標を達成するためにもう少し詳しく、深く実現すべき事柄を明記したほうよいと思う箇所があります。その項目をあげてみます。

・SDGs1、2／先進国と開発途上国の所得の差は、Ⅱ章で述べたように100倍もの開きがあります。SDGs10ではその所得差を失くそうとしています。SDGs17が掲げるパートナーシップによって、この「目標」を実現しようという強い意志が込められた文言があるとよいと思いました。

・SDGs4／教育は国の発展に不可欠です。Ⅱ章にあるように、サブ・サハラの識字率を限りなく100％に近づけてもらいたいものです。

・SDGs6／サブ・サハラのように必要な水の量の乏しい地域、衛生水の比率がまだ低く、疾病のリスクが高い地域では、濾過水や海水の濾過化などによって、何とか状況改善を図ってもらいたいものです。その分野が得意な日本の企業に、サポートを期待します。

・SDGs7／化石燃料は、温室効果ガスの$CO_2$を排出しますし、遠からず枯渇するで

しょう、また、原子力発電は地球環境汚染の危険があるので止めるべきです。それ故、再生可能エネルギーに舵をきるべきです。その点が、遠慮勝ちの規定を実務で打破してもらいたいところです。

・SDGs9／産業の技術開発については、促進を強化すべきですが、規定はやや婉曲に過ぎるようです。第Ⅴ章で詳細を述べたいと思います。

・SDGs10／貧富差の平等化の呼び掛けですので、もう少し強調されてもよかったと思います。第Ⅱ章の表での所得格差は大変大きいのです。

・SDGs17／SDGsの締めくくり的なものですので、ODAへのよりいっそうの協賛を強く呼び掛けてもらいたかったです。そして資金を活かした実務上の展開について、協力・指導を紐付けることも円滑な実行のために必要でしょう。

・次に、SDGsの理念を活かしつつ、社会に評価されている日本の企業や事業のいくつかを例示いたします（企業の概要や事業内容の詳細は割愛）。
大川印刷（株）、（株）TBM、WASSHA（株）、（株）イトーキ、パナソニック（株）、ユニチャーム（株）〈紙おむつリサイクル大量廃棄の回避〉、セイコーエプソン（株）、（株）LIXIL〈途上国でのトイレ普及〉、コニカミノルタ（株）、住友化学（株）、メタウォーター（株）、三菱ケミカルホールディングス（株）など。

これらの企業は先進的、また挑戦的な企業と考えられます。

・SDGs絡みの事業にすることがビジネスに役立つ理由は、他でも指摘していますが、次のような理由があげられます。

■企業イメージが向上する。

■社会的課題へ対応する。

■企業の生存戦略になる。

■新たな事業機会の創出になる。

・そして、SDGsでの成功のポイントとしてあげている要素は、

■環境、社会に配慮ある商品であること。

■SDGs「目標」を事業戦略作りの手がかりにしていること。

■自社のKPI（Key Performance Indicator）をSDGs展開の切り口としていること。

などです。

## 第2節　SDGs17での改善点にすべき所見

当面は実務面での改善でカバーするも、SDGsアジェンダ30以降も視野に入れると、次のような将来的な修正も考えられます。

・SDGs11では、都市化の促進を勧めています。確かに単位面積当りのさまざまな効率はよい場合がありますが、実務面で環境悪化を招かないように、そして自然環境が損なわれないようにしてもらいたいと思います。

・SDGs12では、生産・消費・廃棄の効率化を強調するのですが、資源枯渇の問題を規定していないのは少々腑に落ちません。現に、2008年のWWFでのEF／BCにおいて指摘され（第Ⅳ章で詳述）、2012年のリオ＋20でも指摘されています。「国連持続可能な開発会議」（第Ⅳ章で詳述）でも、地球社会の持続性の問題とされました。したがって資源枯渇をもっと明確に規定し、実務で実行してほしいと思います。

・SDGs1、2で示されている貧困問題は、我々がともに暮らす1丁目1番地のSDGsの問題です。また、SDGs13、14、15の地球環境問題も同様にグローバルで極めて重要なSDGsの問題であることをよく理解して、実務でそれらの実現に向けて行動をしてもらいたいと思います。

・SDGs17の精神は、すべての目標に敷衍すべきパートナーシップであり，全SDGsの遂行にとって不可欠なものです。その趣旨に先進国のみならず、すべての国々のさらなる協調を求めることが重要です。

## 第3節　SDGs17の目標を全体的に見通してみる

SDGs個々の17の「目標」は何れもしっかりと表現、広報して、展開、実行すべき大切なものですが、特に重点化すべきは、次の通りです（個人的直観も含めて）。

⊙SDGs1、2―基本中の基本の課題で、該当する人々にとっては切実な問題です。SDGs全体を象徴する「目標」の一つですからしっかりと成果を出す必要があります。

⊙SDGs3―人の生死に関わるとともに、一度《ひとたび》病気が流行した際の被害の大きさは計りしれません。世界中の人々の大切な健康に資する「目標」です。

⊙ＳＤＧｓ 7―産業活動から家庭生活まで、すべての部門の動力源と原材料に関連するエネルギーの問題です。特に化石燃料の欠乏は人々の生活を停止に追い込みます。ＳＤＧｓの表現は少々遠慮していますが、化石燃料の枯渇が30～50年後には現実化する恐れが強いため、資源枯渇の難題に対処し、再生可能エネルギー強化の必要性があります。

⊙ＳＤＧｓ10―各国の内部での、また、諸国の間での不平等の解消。さらに民族、人種、宗教、出身地に関わらない平等化は、世界の国々の法律で決められており、その具現化が課題です。

⊙ＳＤＧｓ 13、14、15―ＳＤＧｓアジェンダ30の代表的な「目標」といえます。

⊙ＳＤＧｓ16―「平和」の実現はＳＤＧｓの直接的な対象ではないが、法の支配とテロリズムの撲滅は大変重要です。

⊙ＳＤＧｓ 17―パートナーシップは、全17目標を実現するための総括的な要素をもつので、最重要の「目標」といえるかもしれません。

⊙ＳＤＧｓ8、9、12―産業界では、政策立案、行動、成果、評価などすべての要素が、持続可能な業務活動の対象内に含まれている。

## 第4節　SDGs17を理解する上で把握しておきたいその他の事情

・105ページに続き、SDGsを前向きに、正しく対応している日本の企業や事業のいくつかを例示いたします（企業の概要や事業内容の詳細は割愛）。
東レグループのecodear、大王製紙のCNF、レンゴーのパッケージ、WOTA（株）の水の再利用、その他、複数企業による海洋プラスチック対策、エコカー、IOT宅配システム、プラスチックに代わる紙の利用等々。

・SDGsについては、教育界でも注目されており、積極的に研究対象として取り上げられています。今後に大変期待をもてるといえましょう。いくつかの学校を紹介します。
立命館大学、東京大学、国際基督教大学、女子美術大学、岩手大学、東京都市大学、関東学院大学、三重大学、京都大学、東京工業大学、東北大学、横浜市立日枝小学校、杉並区立浜田山小学校等、

・しかし一方、下記のように短絡的なSDGsの理解、単に自社の製品のセールストーク

として、〝ＳＤＧｓ〟を表現しているケースもみられます。正しい使用を心掛けてもらいたいと思います。少々疑問の感じられる例として、

Ａ社の軽量シューズ／強度と軽さのみの特徴でＳＤＧｓに役立つ要因はない。

Ｎ自動車会社のレーンの自動変更は便利な機能に留まる。安全性はどうか？

Ａ社の「ほんだし」／単なる新しい商品の範疇のもの。

## 第5節　想像してみましょう！「全人類が乗船している宇宙船地球号」に十分配慮し、細心の注意を払いましょう！
### ――それはちょうど進展しつつあるSDGs30に対応する根拠ともいえるのです――

（日本経営倫理学会の環境倫理分科会での報告をベースとしています）

人類が今のままの活動を続ければ、遠からず存亡の危機を迎えます。

①人類は地球号の乗客

私達が住んでいる地球はいわば太陽のまわりを1年の周期で定期的に巡航している宇宙船です。この「宇宙船地球号」が誕生したのはおおよそ46億年前とされています。

原人と呼ばれる人類の祖先はおよそ１８０万年くらい前に登場したといわれています。人類は二本足歩行による頭脳の発達と手による道具の使用で、氷河期などの自然環境の変化を乗り越えその数を増やしてきました。地球号の乗客は１９０万種とも、３０００万種ともいわれる多種の生物ですが、現在はその中で人類が一番ハバをきかせており、地球号の中の実権を握っているように見えます。しかし、人類はあくまでも乗客であり、地球号の航路や基本システムを決定したり構築したり運営しているわけではありません。能力をフル活用してほかの乗客を抑え、地球号の中でのリーダーシップを発揮して、思うがままに行動しているに過ぎません。人類は地球号の中の他の生物との戦いには勝って、そのほとんどを絶滅させたり従えてしまいましたが、細菌・ウイルスなどの病原菌との戦いは、今日も続いています。地球号の中で人類が今のような状態を持続して行けるかといえば、それは簡単ではありません。人類は大きな問題をいくつも抱えており、このままでは地球号に住み続けることはできなくなるかもしれないのです。われわれ人類にとって大切なことは、さまざまな難題を解決して地球号の中で人類が存続していくことです。人類は大多数の他の生物と共存共栄の関係で存続してきているので、人類が存続できるための環境を維持することは、他の生物が存続できるための環境を維持することにもつながります。**次世代以降の人類の存続のために**、ひいては他の生物の存続のために何をしていかなければならないのか、私達の世代がよく考え、そして実行していかなければならないのです。

②地球号で人類の抱える大きな問題

・人口の急速な増加

２０１１年10月に世界の人口は70億人を超えました。西暦１年の人口は３億人であったと推定されています。それが10億人になるのに1800年かかりましたが、その後の200年で60億人増えたのです。この爆発的増加は科学技術の進歩による自然災害への対処、工業技術・農業技術の進歩による衣食住の入手拡大、医療の進歩による疾病の克服などによって、死亡率の目覚ましい減少がもたされたからです。現在、先進国の人口は頭打ちになっているか、減少気味ですが、発展途上国の人口は増大を続けており、2050年には世界の人口が96億人に達すると予測されています（国連2012世界人口白書）。地球号に乗っている生物の内で人類だけが、異常と思われるほどのスピードで増殖を続けています。人類のさらなる急激な増加は人類自身の生活環境にさらに大きな影響を与えるとともに、他の種の存続や自然環境にいっそう深刻な影響を与えることになります。人口の爆発的増加は人類にとって食料や水の不足、住宅不足などの生活上の欠乏をもたらすばかりでなく、**資源枯渇・環境破壊**という重大な問題を引き起こすことは明らかです。そればかりか不足する資源をめぐって地域間・国家間・民族間などで深刻な争いが起こる危険性がある。それが**核戦争**のような取り返しのつかない事態に進展した時には、地球号はもはや**人類が安住できるところではなくなってしまいます**。場合によっては、人類の滅亡につながる恐れもあります。その時には、地球号の船内も生物が生存できない死の世界となっているかもしれませんし、新しい環境の下で、何らかの種が増殖して地球号の中でのリーダーシップを握って行くのかもしれません。

・地球号内の資源供給は大丈夫か

人類がその存続のために使えるのは、地球号の船内にある資源とそれを利用して生みだす生産物です。生存の基本的な条件は水と食料ですが、人類は太陽の光、水の循環、大地の恵みを生かして農業・漁業・牧畜などによって存続してきました。人類が必要とする資源は水資源、食料資源のほかにも鉱物資源、森林資源、エネルギー資源などがありますが、人類は地球号にある資源で利用できるものは何でも利用すべく、いろいろの科学技術を開発し活用してきました。新技術の開発によって、それまで利用できなかった資源の活用が可能となったケースは枚挙にいとまがありません。これからもその努力は真剣に続けられるでしょうが、枯渇する恐れのある資源、特に化石燃料やレアメタルについては、代替資源の開発を進めることが急務です。可採埋蔵量がまだ年間消費量を大きく上回っているから安心かというと、決してそうではありません。新規鉱床の発見量が消費量より多くないと可採埋蔵量は減るばかりで、減り出したら可採年数のはるか手前で生産が需要に追い付かなくなります。しかも採掘場所は相対的に条件の悪いところになり、資源の品質は低下し、コストも割高になるためたちまち需要を満たせなくなります。

人口の増加によって直接的に逼迫《ひっぱく》する資源は、まず水資源と食料資源です。現時点でも飢餓状態にある人類は8億人を超えるといわれています。前述の通り、70億の人口が2050年に96億に達すると予測されているということは、あと36年の内に5割以上の食料増産を実現しないと飢餓人口がさらに増大するということです。水資源については中東の砂漠地帯のように現時点ですでに深刻な不足状態にある地域が多数存在しており、国際河川を巡る水争いの紛争も世界各地で発生しています。水は農業生産の基本であり、水なしでは人類だけでなく植物も動物も存続していけません。地上に降った雨は野や田畑を潤して川に合流して海に流れ込み、海面から蒸発して雲となってまた地上に降り注いできます。この地球号の水循環システムのお陰で、人類も他の生物も今日まで生き延びてきました。地球上の水の97.5%は海水なので、人類が農業生産や食料として利用できるのは残り2.5%の淡水ですが、淡水は氷河や永久凍土の形でも存在しているので、実質的に利用できるのは地球上の水の0.8%に過ぎません。総体としての水の量は不変ですので、それを現在より5割増しの人口で利用するのであれば、水を巡る争奪戦はますます激しくなるといわざるをえません。水と食料に限らずすべての資源について、すでに手元にある資源を最大限有効に活用することが何よりも大切です。よくいわれている**3R（Reduce／節減・Reuse／再利用・Recycle／再循環・再資源化）をとことん実行すること**によって、資源の消費を抑え現存する資源を長期間使えるようにすることが、地球上の資源をなるべく長持ちさせる最も重要な方策です。さらに資源そのものの消費だけでなく、消費機会の削減を図って機械やシステムの設計を行なうことも重要です。もっと要約すれば、**大量生産・大量消費・大量廃棄の社会生活文化を見直すことも必要**となるでしょう。パラダイム転換ともいえます。

・地球号の環境システムはもつだろうか

天候や気候変動も、気流や海流も地球号の本来の環境システムによるものであり、それに適応できた生物が存続してきました。１９９０年代から地球温暖化が問題にされていますが、地球温暖化はその一環の空調システムの問題です。温暖化だけでなく異常気候・地震・豪雨・干ばつ・砂漠化などのいわゆる天災は、地球号の環境システムと密接に結びついていますが、大気汚染・水質汚染・放射能汚染などは人類による人災です。天災・人災が相乗的に作用して、人類や他の生物の生活環境に大きな影響を与えています。しかし人災の規模や程度によっては地球号の環境システムがうまく作動しなくなり、人類や他の生物にとって極めて住みにくい環境になってしまう恐れがあります。最悪のシナリオは核戦争などのように地球環境を壊滅的に破壊する場合です。

・地球号の廃棄物処理システムは機能するだろうか

不要となったものは放置しておくか、地面に埋めるか、川や海に流して地球号の原始的な廃棄物処理システムにまかせることで、人類もすべての生物も発生からの長い期間を過ごしてきました。しかし人類が作りだした放射性廃棄物はそれまでの廃棄物とはまったく異なり、人類の叡智を結集しても処理方法が見つかっていません。無害となる半減期までの10万年ともいわれる長い期間を待つ以外ないとされていますが、放射性廃棄物の処理は不可能かもしれません。１９８６年のチェルノブイリ原発事故は、放射性廃棄物の危険性を全世界に知らしめました。２０１１年3月11日の東日本大震災によるフクシマ原発事故は、チェルノブイリから25年経ってもこの廃棄物処理問題は、ほとんど進展していないことをあらためて認識させました。原発から毎日生みだされる使用済み核燃料や放射性廃棄物は、いつの日か環境に無害な形で処理できるようになるまで、どこかで保管し続けるしかない状況です。その保管場所をどこにするかは難しい問題です。フクシマ原発事故の周辺地域における除染廃棄物の保管場所についても、積極的に受け入れてくれる自治体が見つけ難い状態です。まして高濃度放射性廃棄物となれば、新たな保管場所を確保することは極めて困難であると考えられます。日本では、北欧のように地中深く10万年前の地層に埋めることはできないため、高濃度放射性廃棄物は数十年から数百年の暫定保管とすること、ならびに総量管理体制をとることを、日本学術会議が２０１２年9月に原子力委員会に答申しています。どのような保管形態をとるにせよ、処理方法が未解決な廃棄物がどんどん累積していくのです。この問題は日本に限ったことではなく、原子力を利用する地域すべてに共通する問題です。新規に原子力発電所を導入する国（先進国では新規原発はほとんどない）もこの問題の解決が前提であることはいうまでもありません。地球号の生物全体に大きな影響を与える問題であり、人類として全力をあげて取り組んでいかなければならない最重要課題です。

重金属などによる土壌汚染、工場排水などを原因とした水質汚染、自動車や工場の排気による大気汚染、農薬などの化学物質が自然界に漏れ出して引き起こされる環境ホルモン汚染など、さまざまな廃棄物の処理は地球号内の自然環境の保持の上で極めて重要です。

・乗客間の利害相反と不協和音

乗客間といっても、人類と人類以外の生物の間の利害関係の対立については、人類がある程度はコントロールできると考えられます。むずかしいのは人類同士での利害の対立をどう処理していくかであります。「国益」という言葉が、現在の国際的な交渉や話し合いの中での基本的な判断基準になっているように思われます。地球号の乗客である人類一人ひとりは、国とか民族とか地域連合などによってグループ分けされています。自分の属するグループの利害は、直接的間接的に自分に跳ね返るので誰もがそれに関心を持ちますが、基本的には、自分が国籍を持つ国の国益に一番関心を払います。各国のリーダーは、自国の伸長拡大と自国民の支持をできるだけ獲得するために、国益の主張に全力をあげるのが通例です。他国との間で国益の衝突が起きることは避けられません。問題は国益の対立だけではありません。思想・宗教・文化の衝突、貧富の格差、先進国と発展途上国の覇権争い等々、いろいろな形のいろいろな視点からの対立があります。人類全体を一つにまとめて意思決定を行ない、それを実行していくのは極めてむずしいことです。宇宙船地球号の中で、これまで相対的に恵まれた生活をしていた船客に対して、数も増え力もつけてきた相対的に恵まれていなかった他の船客が、同じ待遇を要求する段階になってきているのです。地球号の資源は有限ですから、全員に同等の扱いをすることはできないし、恵まれたポジションにいた船客に既得権意識があることも否定できません。全員を満足させるような解決はなかなか見出しにくく、安易に妥協が成立することは到底期待できません。

格差だけでなく国益・宗教・イデオロギーなどの衝突は、時には深刻な国際的対立を生みだし、武力衝突さらには戦争に発展する恐れがあります。戦争が起これば地球号の環境はどんどん悪化し、場合によっては、地球号での人類の存続を危うくするような事態にまで発展する恐れがあります。そこで、次の③のような人類益を重視する必要性が生ずるのです。

③問題解決のために人類は協力し合えるのではないでしょうか

国益の主張はあくまでもその国の目先の利害関係に関することであって、人類の存続とは直接の関係がありません。地球号で人類が存続できる環境を維持していくために、**できるだけ国益を離れ、人類益のために力を合わせて**いかなければならないのです。今の私の損得を脱却する（now and me-us に固執しない）ことです。すなわち、**ここにＳＤＧｓ17「目標」・２０３０アジェンダの必要な根拠**があるのです。

特に全人類にとって共通の利害が認められる問題については、各国の利害調整は比較的やりやすいと思われます。そのような切り口から、人類のための共同作業を進めていくのが最も現実的であると考えます。すなわち17のＳＤＧｓ「目標」をしっかりと履行することがよいはずです。

④人類存続のカギはグローバルコモンズの共同管理にある

第Ⅳ章で詳述しますが、人類共有の資産をグローバルコモンズ（Global Commons）と呼ぶのが一般的になってきています。コモンズという言葉は、〝英国の誰にも属さない放牧地・共同利用地〟に由来していますが、日本でも古くから、村落には里山《さとやま》・漁場《ぎょば》など入会《いりあい》と呼ばれる共同利用地がありました。いずれもいわばローカルコモンズであります。それに対してグローバルコモンズは大陸にまたがるような、あるいは人類全体の利害関係に多大な影響を与えるような共通問題・共有資産をさしています。自然界であれば太陽・海洋・大地・河川・大気・宇宙などが含まれます。これらのグローバルコモンズは、人類や他の生物に限りなく大きな恩恵を与えてくれるもので人類の存続のベースです。人工的なものでは国連などの国際機関・サイバー空間や国際会計基準などの、国際標準といった人類社会運営上の機関や情報やシステムもグローバルコモンズに含まれるとされています。

グローバルコモンズの共同利用ルールの統一や、共同管理方法の確立などについては、国益を振りまわしていては進展がありません。人類全体にとってどのようなやり方がよいかを、多様な立場・階層の代表者達が国際的によく話し合い研究していくことが必要です。海洋汚染・大気汚染などは、広範囲にわたって人類や他の生物の健康や経済や生態系に深刻な影響をあたえるので、長期的な監視体制も必要です。自然界のグローバルコモンズについては、常に持続可能（サステイナブル）な状態に置くことが求められます。それによって人類も存続可能になっていくのです。科学技術の進歩を踏まえながら、最適な方法を常に追求していかなければなりません。グローバルコモンズのあり方について、地球号内でたくさんの意見が交わされながら合意が形成されていく過程は、人類が存続のために一つにまとまっていく過程でもあります。すなわち、**SDGs17「目標」・2030アジェンダがたいへん大切であり、その履行・展開をしっかりと推し進めるべき**なのです。

# 第Ⅳ章

# Beyond SDGs30
# （SDGsの将来の方向性）

## 第1節　グローバルコモンズ、エコロジカル・フットプリントの重要性

　２００８年のＷＷＦ（世界自然保護基金）で、「**地球の持続性」に対する負荷の大きさと危機が警告されています**。また、２０１２年のリオ＋20にての「**国連持続可能な開発会議」の席上で、地球環境・社会の持続性の問題として**、人類にとって侵してはならないグローバルコモンズの重要性が指摘され、**エコロジカル・フットプリント＝ＥＦ（Ecological Footprint）／バイオ・キャパシティ＝ＢＣ（Bio Capacity）**の危機が警告されました。

　図らずも、これらの何れもが資源枯渇に通じる問題で、時を同じくして**持続性の担保を目指して推進されるＳＤＧｓの実行を必要とするもの**です。しかしＳＤＧｓ17・アジェンダ30においては、グローバルコモンズの社会思想的な重要性が、そしてＥＦ（地球資源・環境に対する現実の過大な負荷）の正しい理解と実行すべき自重が、やや遠慮気味に扱われています。アジェンダ30は確かに一つの大きな進歩ですが、それらはもっと明確に表現されるべきものです。

　ＳＤＧｓの実務の展開においては「地球の持続性を」考慮するとともに、アジェンダ30以降の将来の思想・理念としてそれを高く掲げてほしいものです。それは「地球」を考える上

で、パラダイム転換に通じるものといえましょう。
以下本章では、グローバルコモンズとエコロジカルフットプリントを詳述いたします。

## 第2節　グローバルコモンズについて

① 我々が検討を進めるグローバルコモンズの対象、範囲

国の領域をこえて存在し、時に流動し、社会活動に資するという条件を満たすもの。例えばエネルギー（石油、天然ガス、石炭）、水産資源、鉱物資源、一部の食糧、環境・水・空気などが、市場経済が支配している諸国でのグローバルコモンズの対象です。

グローバルコモンズの大きな特徴は多くの場合、それが、ⓐその使用の増加により地球規模で現在ならび将来に不足する可能性が高いこと。ⓑ農業・産業などにとって価値の高いこと。ⓒ地域によって成分や品質に差がある、あるいは劣化、悪化が進みつつあること。ⓓ地球上で国の境を無視して流動・移動・循環し、本来的に誰のもの、どの国のものと規定し得ないこと。ⓔ科学技術、産業の発達とそれにともなって発生する負の要素であることなど、の中の幾つかに当ることが、グローバルコモンズの対象となる条件といえるでしょう。

定義においては、経営、技術、生産、運輸、通信などの、制度やソフトウエアなども、グローバルコモンズの対象となるとの分類・規定もある。また換言すれば上記のように地球環境、環境危機絡み、あるいは科学技術の進展とそれにともなう負の部分を対象として、検討を進めるのが適切であると思います。

重要なことは、それが人類にとって**現在のみならず、先の世代のあらゆるヒトが、未来永劫に健康で一定以上の生活が享受でき、それが担保されるために必要なものといえます。**

参考として、グローバルコモンズの重要性をしっかりと理解するために、コモンズの発生史を遡りたいと考えます。

②コモンズの対象また範囲としては、歴史を振り返れば、ローカル、パブリック、そして今やグローバルが必要性を増していきます

コモンズは、発生的にはローカルコモンズにその原型がみられます。その起源からすると長い歴史をもつと考えられ、狩猟・採集を生業《なりわい》とした縄文時代（紀元前1000年以前）にも人間集団がある空間を占有・共有して利用していたと推定することができます。現在では入会権《いりあい》、水利権、地下水権、地下水汚染、共有林また共同漁場などの共同的な所有（総有）・

占有のあり方が、その中核となっていますが、村落や共同体にとっての共有地、共同水源の占有・利用が多くの場合、その構成員によって了解されています。

ローカルコモンズの枠組みを超えて、国や自治体、そして社会によって共有され、利用に供される、場・資源があり、これはパブリックコモンズといわれるものです。河川、湖沼、公地、公道、公園などがあり、さまざまな対象が含まれますが、発生的には西欧での絶対主義時代の末期、市民の要求が強まった18世紀以降といわれており、いずれも利用者側にとって公共性をもつ点で一致しています。そして現在、通常は自治体や公共団体などによって管理されています。利用に関しては多くの場合、管理者が定めたルールが設定されています。我が国においてのパブリックコモンズは、欧米の後追いで発展しつつありますが、その管理・運営は関係している自治体、団体が個々にケース・バイ・ケースで行っています。

パブリックコモンズの拡大とともに、近年では自然保護、地球環境保全の視点が強調されてきています。そして国の枠組みを超え、拡張されたコンセプトにおける視点での共有・シェアリングする「場」と「資源」のコモンズとしてのとらえ方が**グローバルコモンズ**であります。

## ③グローバルコモンズの具体的観点

A─資源不足─　⑴エネルギー資源　⑵食糧　⑶金属資源VS増加を続ける世界人口∧限りある資源と膨らむ人口の相対関係が問題を悪化させている∨

B─地球環境・生活社会の悪化─　⑴地球温暖化　⑵大気汚染　⑶水供給システム　⑷廃棄物処理　⑸森林減少問題　⑹生物多様性の減少

C─科学技術の進歩と負の部分─　⑴放射能汚染　⑵遺伝子組み換え　⑶環境ホルモン　⑷ＩＴ技術の乱用　さらに薬害、産業公害

グローバルコモンズの検討の切り口は、上記のような点ですが、

Ａは、主として物的不足、量的劣化によって起きている問題で、人口増加、所得水準の向上とともにかえって毎年悪化しています。

Ｂは、状況の正しい認識がなされていなく、たいていの問題では改善がみられていません。状況は日に日に悪化しています。グローバルコモンズ対応が強く求められる対象です。

Ｃは、科学技術を万能とする世間の誤った風潮に対して、実は科学技術には負の部分があると認識することが必要です。まさに科学力・技術力を正しく駆使してグローバルコモンズ対応を行うことが急務です。しかし、ＳＤＧｓの目標としては少々専門的、学究的に過ぎる分野ともいえましょう。

**Ａ、Ｂは、特に急いで対処しなければならない問題で、まさにＳＤＧｓの中心的対象です。**

**上記の各項目に合わせて対策検討を進め、実効ある結果が出せるようにするのが重要です。**

政策論議も、国際関係構築も、社会学的構想も、まず私たち人類が奇蹟的に授かっている地球上の理想的な自然のバランス、素晴らしい環境を、一から認識し直すことからはじめなければなりません。そこに立脚してこそ、ＳＤＧｓ的なアプローチ、17の「目標」が必須であると提言することができるのです。

## 第3節　エコロジカル・フットプリント（EF）

①人間が地球に掛けている負荷はすでに地球のキャパシティーを超えている

はじめに、今から40年以上前の１９７２年に国連人間環境会議で「ストックホルム宣言」が出され、その20年後の１９９２年に環境と開発に関する国連会議（地球サミット）が行われ、「地球環境の持続可能性」が危機に至りつつあるとの警鐘がならされました。さらに第１節冒頭で述べているように、２００８年には**ＷＷＦ（世界自然保護基金）が、エコロジカル・フットプリント（ＥＦ）／バイオ・キャパシティー（ＢＣ）の数値**を使って、地球に対する負荷の大きさと危機を警告しています。しかし、このような環境保全の危機に対して、人々はなぜ無頓着なのでしょうか。特に政治家、ビジネスマン、マスメディアに携わる人々という、本来この問題に敏感でなければならない職種の人の多くが鈍感なのが残念です。日々の出来事や雑務、雑用にとらわれているからか、TVをはじめとしたマスメディアによって、この問題をスポイルする方向に洗脳されているか、カッコ良い生活スタイルに引きずられているからなのか、または自分たちの目先の快楽しか目に入らないからなのか、あるいはそのすべてなのか……。SDGs絡みの事業展開をしようとするならば、その過程で熟慮してもらいたい問題です。

地球には、本来たいへん神秘的にも自浄能力が備わっている（いた）のです。従来的な汚水であれば、河川や沼には汚れを餌にする微生物がいてそれを処理してくれます（そしてその微生物は魚の餌となります）。また、人間が出す$CO_2$を植物が光合成によって分解し、代わりに酸素を放出しくれます。すなわち環境に対する負荷が許容範囲内であるならば、地球の食物連鎖、物質循環の中で処理され、その結果として地球環境とその諸要素が持続可能（サスティナブル）なのです。

しかし、今や「地球環境の持続可能性」が危機に瀕している、ことが前述のように発表されています。スイスに本部をおく**世界自然保護基金（ＷＷＦ）は、エコロジカル・フットプリント（ＥＦ＝経済活動のために自然環境を踏みつけている面積⇒人間の足跡〈フットプリント〉）という指標を使い、現在人が環境に与えている負荷（ＥＦ）がすでにバイオ・キャパシティ（ＢＣ＝地球生態系の許容力）の1.3倍になっていると発表**しています。ＥＦは人が出す廃棄物の量、$CO_2$の量、伐採する森林木材の量、水の使用並びに排出量、汚水量、破壊する湿地の広さなどの生態系に対する負荷を基準にした指標です。またＢＣは森林、草地、湿地、海洋などの面積、その中にいる生物の数、汚染処理量、森林が吸収する$CO_2$の量などを基準にした各国ごとの、そして世界全体の指標です。地球の許容力を１とすると、すでに１９８５年に１となり、今や上述したように1.3になっているのです。すなわち、現在は地球1.3個分の負荷を地球に与えているのです。ちなみに日本のＥＦは(4.1～)4.4とされています。

地球に対して過大な負担をかけている現況で、地球環境が元に戻れなくなる取り返しのつかない点(Point of No Return あるいは Tipping Point)に近づきつつあります。このままでは、地球環境が破滅的な局面を迎える可能性があります。したがってグローバル社会を保持するため、世界中で人口増加に歯止めをかけ、不要な消費を止め、過剰な生産資源の使用量を減らし、廃棄物を減らすこと、リサイクルによる物の再使用を進めることが不可欠です。すなわち、大量生産・消費に基礎をおいた経済そのものの見直しも必要となっているのです。目先のGDPや景気のみに着眼し、それだけに関心を払っている場合ではありません。森林や河川、海洋やその他の「自然資本」に目を向け、その再生力を活かして、サステイナブル＝「持続可能」な地球環境にすることが、今や強く求められているのです。

国連環境計画（UNEP）が2011年に発表した「世界経済のグリーン化」では、世界経済のGDPの2％の資金（1.3兆ドル）を、再生可能エネルギー、農業、漁業、そしてここで述べているサステイナブル分野に投資すれば、2050年にはEFがBC＝1に収まり、前記のような破局を免れると述べています。思い切った対応をしないと、却ってコストが大きく跳ね上がって効果も薄れます。このように地球環境・資源のサステイナビリティーを図るグローバルな対応が、現在そして将来のために不可欠であり、その活動の必要性は計り知れないのです。

②EFとは、BCとは、をさらに詳述してみましょう、

EF（エコロジカル・フットプリント）、BC（バイオ・キャパシティー）という用語はふだん耳慣れていませんが、1990年にブリティッシュコロンビア大学のMathis

Wackernagel とWilliam Rees 両教授によって提唱されました。まず重要なのはＥＦと、ＢＣが意味する内容の理解です。

ＥＦ（エコロジカル・フットプリント）は、前述のとおり我々がどれだけの土地を使って生きているのかを表わします。具体的には消費する食糧・繊維・木材（エネルギー使用も含む）・鉱物資源などを生産するのに必要な耕作地・牧草地・森林・漁場・採掘地と、廃棄物を吸収するために必要な土地・インフラ設備建設に必要な用地などが含まれます。そしてそれらを許容できる地球の容量をＢＣ（バイオ・キャパシティー）というのです。

これらの言葉は、国連など関係国際機関で使われはじめていますが、サステナビリティーの視点からいっそう積極的、かつ他に優先して使用されなければならない用語であり、概念です。

ＥＦとＢＣについてさらに理解を深めましょう

ＥＦは人が出す廃棄物の量、$CO_2$の量、伐採する森林の面積、水の使用量、排出量、汚水量、破壊する湿地の面積などの生態系に対する負荷を基準にした指標であり、ある地域のニーズに見合う食糧、水、燃料、エネルギーを提供するのに必要な土地（陸・水）面積の総和です。換言すれば、1人の人間を支えるのにどれくらいの土地がいるかを示す数値ということもできます。BCは森林、草地、湿地、海洋などの面積、その中にいる生物の数、汚染処理量、森林が吸収する$CO_2$の量などを基準にした各国ごとの、そして世界全体の指標であり、いわば、地球の許容力の数値（1人当りに換算）ともいえ、生物生産力とも呼ばれます。なお、鉱物資源の要素も考慮されます。

また、問題の重大性を容易に、適確に理解するために他のいい方をすれば、EFはある集団の活動が環境に及ぼすインパクトを、土地面積に換算して定量的に表現したものです。逆に1人の人間を支えるのにどれくらいの土地が要るかを考えているものでもあるといえます。エネルギーは、燃焼によって発生する$CO_2$を吸収するのに必要な森林の面積に換算していますが、事実上、化石燃料の再生は不可能なため、EF値の中のエネルギー部分については特別の考慮が必要です。それ以上に、化石燃料の枯渇が今や難題となっています。そのための対策としても、近年、再生可能エネルギー開発の必要性が強く叫ばれています。

EFの単位ghaのgはglobalで、世界の平均的な生物生産（前記）が可能な土地面積の1haのことです。農地の例で示すと、土地が牧草地の場合、牧草地の生産性は低いので1haは1

ghaとはならず０.４９ghaとなります。一方農耕地の場合は、生産性が高いのでその点を考慮して１haは２.２１ghaとなります（世界全体の平均でいえば、１haは１gha）。

日本のＥＦ、ＢＣの数値はたいへん深刻で、１人当りＥＦが4.7（～4.1）gha、世界平均は２.２８（～2.6）gha。１人当りＢＣは0.6gha（世界平均1.8gha）で、日本のＢＣは世界の３分の１に過ぎません。世界中の人が日本と同じ条件で同じ度合いの生活をすると、数個の地球が必要になる計算になります。そして、日本のＢＣが0.6でＥＦが4.1であるということは、その差額となる3.5を輸入に頼っていることを意味しているのです。

③世界のＥＦ、ＢＣの値

では世界の主な国々の、１人当りの総ＥＦ、生物生産力（ＢＣ）の大きさ、その間の過不足（総合的過不足）、また、生産部門のみのＥＦと過不足、さらにエネルギーの負荷とその影響の度合いを次に示します（表４―１参照）。

生物生産部門はその再生産が機能しますが、エネルギーは本来再生が不可能です（漸次、再生可能エネルギーを伸ばすことで解決を図る）。

表4—1　世界と主要国のEFとBCのさまざまな数値

| | 総EF（gha/人）A | 生物生産力（gha/人）B | 総生物生産力過不足 C | 生物生産部門（負荷）EF D | 生物生産部門過不足 E | エネルギー（負荷）EF F |
|---|---|---|---|---|---|---|
| **世界** | **2.28** | **1.8** | **△0.48** | **△1.06** | **+0.74** | **△1.22** |
| アメリカ | 9.70 | 4.7 | △5.0 | △3.39 | +1.31 | △6.31 |
| ドイツ | 4.71 | 1.7 | △3.01 | △1.33 | +0.37 | △3.38 |
| **日本** | **4.70** | **0.7** | **△4.01** | **△1.57** | **△0.87** | **△3.14** |
| ブラジル | 2.38 | 9.9 | +7.52 | △1.70 | +8.2 | △0.68 |

（データ／時点・出所により微差異あり）

**C＝B−A**
**D＝A−F**（総EFよりエネルギーを除いて生物部門のみの負荷EF）
**E＝B−D**

世界全体として、EFがすでに大きすぎると理解できます。また総EF 2.28の中、1.22がエネルギー部門で、その部門が約1／2を占めているほど、エネルギーの影響度は大きいものがあります。生物生産部門としては2.28−1.22＝1.06＜1.8で、未だ余力を残しますが、著しい地域格差に大きな問題があります。やはり、全EFの半分以上を占めるのがエネルギー部門ということはたいへん厳しく、世界として深刻さがいっそう増します。

・日本は生物部門においても数値が極めて小さく、そのEFをまったくカバーできていません。歴史的に人口密度が高く、生物生産力が0.7とたいへん小さく、製造業中心の工業依存型、農業・林業離れで（この部分は輸入依存で補って）、経済（GDP）を伸ばしてきたことが大きく影響しています。総体的に見てバランスがたいへん悪いといえます。
・アメリカは総ＥＦが高すぎます。生物生産力はそこそこに大きいのですが、エネルギー使用が大きくて、総ＥＦをまったくカバーできていません。総合的に見て最悪です。
・ドイツは総生物生産力では不足していますが（△）、生物部門ではＥＦをカバーしています（＋０.３７、一方日本は△０.８７）。したがってエネルギー負荷は日本に近い大きさですが、総合的には生物部門がカバーしているので日本より相当によい現状です。
・ブラジルは生物生産での大きさでたいへん貢献しています。エネルギー負荷も小さく、この点では優秀です。ただ近年、農業化、火災などによって密林が少しずつ狭くなり、生物生産力が減少しつつあります。

全体をとおしていえることは、アメリカをはじめ、日本を含む先進国がＥＦを大きくしていて、ブラジルなどのよい環境性でも十分にカバーできないのが世界の現実です。すなわち、先進国はＥＦの数値を落とすためにも物の過剰使用を減らす努力が必要でしょう。

それでは、次に地域（州）別に、ＥＦとＢＣ（生物生産可能量）、ＥＦ／ＢＣ（ＥＦがＢＣに対して過剰な度合い）、つまり、地球何個分の暮しをしているのか、の対比を示します。

表４―2　世界と地域ごとの地球何個分の生活かの対比

| | 総EF（gha/人）E | 生物生産可能量（gha/人）B | 生産可能量の何倍か（E／B） | 地球何個分の生活（地球持続性）（E／1.78） |
|---|---|---|---|---|
| **世界平均** | **2.3** | **1.78** | **1.29** | **1.29** |
| アフリカ | 1.1 | 1.3 | 0.85 | 0.62 |
| アジア・太平洋 | 1.3 | 0.7 | 1.86 | 0.73 |
| ラテンアメリカ | 2.0 | 5.4 | 0.37 | 1.12 |
| 北アメリカ | 9.4 | 5.7 | 1.65 | 5.28 |
| ＥＵ | 4.8 | 2.2 | 2.18 | 2.70 |
| **日本** | **4.4** | **0.7** | **6.29** | **2.47** |

世界平均は、生物生産可能量に対してＥＦがすでに１.２９と、人々の生活（地球持続性）は地球１個分を大きく超えており、危機が迫っています。

・アフリカはＥＦが一番小さいので、生物生産可能量があまり大きくありませんが、Ｅ／Ｂは０.８５と低く、そして地球持続性は地球０.６２個分と最も低くて、ベストです。

・アジア・太平洋（オーストラリアを含む）は、ＥＦが小さいので、生物生産可能量は小さいが、地球持続性は地球０.７３個分と低い。

・ラテンアメリカは（ブラジルを含む）、生物生産可能量が大きくＥＦが比較的小さい、したがってＥ／Ｂは　０.３７と一番低く、貢献しています。

・北アメリカはＥＦが9.4と最も高く、生物生産可能量も大きいが、人々の生活（地球持続性）は地球5.28個分と最も高くて最悪です。

・ＥＵはＥＦが比較的大きいが、生物生産可能量が比較的大きい（日本に比べてよい）。Ｅ／Ｂは日本に比べて相当によい。

・日本はＥＦがＥＵに近い大きさですが、生物生産可能量が最も小さく、Ｅ／Ｂは6.29と最悪、人々の生活（地球持続性）は地球2.47個分と悪く、厳粛に認識する必要がある。

総じていえることは、アメリカ、日本はＥＦが高すぎる、そして世界全体として（特に先進諸国）はＥＦを地球水準に向けて下げることが必要でしょう。

地球の許容力（ＢＣ）を1とすると、すでに1985年には1となり、現在は表4−2の世界平均にみるように、地球ほぼ1.3（1.29）個分の負荷を地球に与えているのです。そして、ＧＤＰ尺度万能の現代社会・政治において増加しているＥＦ（エコロジカル・フットプリント）のＢＣ（バイオキャパシティー）に対する比率、**ＥＦ／ＢＣは極めて悪く（大きく）、重大な警告を投げかけています。ＳＤＧｓ30が、地球の持続性のために必要なことは明らか**で、それが示すように、**資源の効率活用（Reduce, Reuse, Recycleを含めて）が、極めて重要です**。ＳＤＧｓ「目標8」、「目標12」などにその指摘があります。

## 第4節　生物生産・循環可能力問題とともに、サステナビリティーを危うくしているものに資源不足がある

石油がエネルギー社会に登場したのは、最初の油田の発掘が行われた1859年といわれていて、その後、分留技術の開発で、ガソリン、軽油、灯油、重油に分離され、自動車、航空機、工場における動力源として使われるに至りました。そして今やその枯渇がたいへん心配されるようになり、EF／BCの議論・考察を超えてその危惧が増大しつつあります。大昔の中生代～新世代中期の長期間に、生物の遺骸によって生成された化石燃料を、たった100年程度の間に使い尽くしかねない事態は、現代人の傲慢さなのでしょう。

先進国と途上国の石油の消費量の著しい違い、そして将来の途上国の人口増と生活水準の上昇を考えるとき、全消費量の大きな伸びが想定されます。この枯渇の問題は化石燃料に限ったことではなく、金属資源全般についても同様です。遠からず人類に必要なさまざまな資源の枯渇が懸念されているのです。

## 第5節　エネルギー消費は進み、環境破壊も進んでいる
## EF／BCの視点より見逃せない

表４—３　最終エネルギー消費量

単位　百万トン・石油換算

| | 世界 | アジア | 日本 | 中国 |
|---|---|---|---|---|
| 1997 | 8372 | 2707 | 461 | 851 |
| 1998 | 8345 | 2662 | 462 | 805 |
| 1990 | 8382 | 2629 | 464 | 725 |
| 2007 | 9879 | 4085 | 423 | 1069 |
| 2008 | 10063 | 4249 | 406 | 1763 |
| 2009 | 9989 | 4436 | 380 | 1910 |

・世界全体の消費量は10年間に約20％増えています。

・アジアは10年間に約65％の増加で、その最大の要因は中国の消費の伸びです。10年間に2倍以上の伸びが示すように、中進国を代表する中国のエネルギー消費の勢いは盛んです。

・途上国、中進国が、経済・GDPにおいて発展するとき、エネルギーの消費はたいへん大きく増えるので、発展途上国の今後の伸びは、望ましいことではありますが、エネルギー・地球資源のいっそうの枯渇に通じる可能性をはらんでいます。

（統計局資料より）

図4—1　世界の廃棄物の予測　単位　億トン

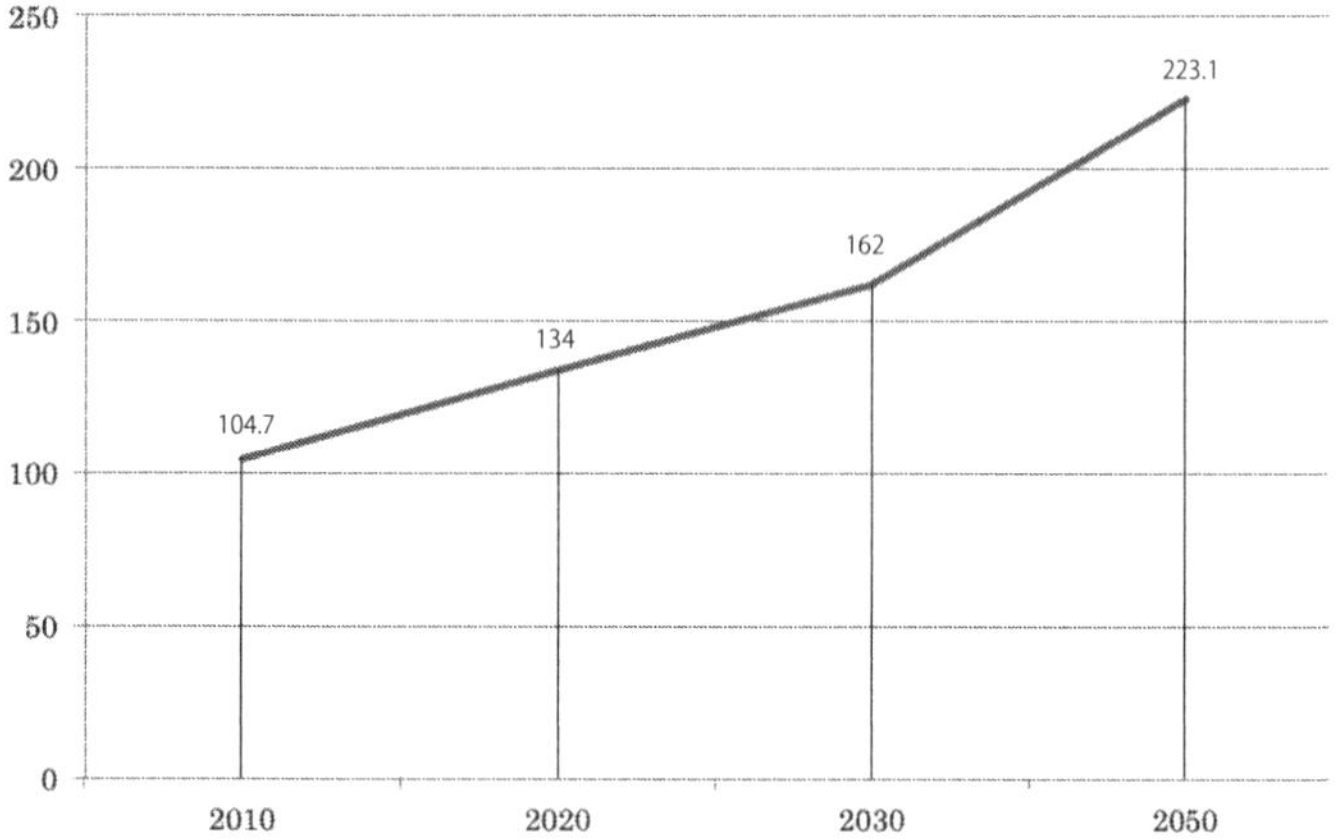


図4—1の右肩上がりのグラフでわかるように、大量生産・大量消費・大量廃棄が進んで環境への負荷が増大しています。

廃棄物は人間の諸活動の結果によって排出されている残滓であり、「地球の持続性」に対する負荷の大きさを示すバロメーターです。人間はこのように地球を痛めつけており、3R（Reduce, Reuse, Recycle）を含めた有効なあらゆる対策をとって、廃棄物の増加を防ぐ必要があります。

（環境省資料より）

# 第6節　提言

ＥＦ／ＢＣが１９８５年に１になり、近時に約1.3倍に達しています。このペースが続くと、近い将来の２０３０年には1.5倍を超え兼ねず、人類にとっての地球環境・資源の破局的危機を迎え兼ねません。

以上を集約して、グローバル社会として、３Ｒを進めること、不要な消費を止め、消費のための生産資源の使用量を減らし、**大量生産・消費・廃棄に基礎をおいた経済そのものの見直し**が必要となっているのです。そして森林や河川やその他の「自然資本」の**再生力を活かして、サステイナブル＝「持続可能」にすること**、そして化石燃料の消費を削減し、再生可能エネルギーの開発、促進をすることが、ともに今や強く求められているのです。

このような状況の中、世界（国連）としては、ＳＤＧｓ30アジェンダが合意され、それが着実に推進されることになっているのです（「目標７」など）。

それとともに、この章の第１節でも触れたように、国連の２０１２年のリオ＋20でグローバルコモンズの理念が確認され、時を同じくしてＥＦ絡みの資源過剰使用の人類にとっての危機が警告されました。それらが根源に内包されつつ、ＳＤＧｓがスタートしているのです。

人類にとっての危機を回避するため、ＳＤＧｓ「目標8、10」において生産・消費での世界の資源効率、不平等の是正、持続可能な長期枠組みが提言されました。また「目標12」において天然資源の持続可能な生産と消費のための効率的な利用、管理が規定され、かつ廃棄物の削減と効率管理も警告されています。

さらに、地球環境絡みの資源の保全をＳＤＧｓ「目標14、15」で、そしてＳＤＧｓ全体の持続可能性を担保せんとするパートナーシップをＳＤＧｓ「目標17」で規定しているのです。

## 日本人の暮しぶりの変遷と「もったいない」の心

戦前・戦中派、団塊の世代にとって、物心両面において、1950~60年代のアメリカは素晴らしい目標となる生活文化の国でありました。ダグッド家の生活に見られるテレビ、洗濯機、冷蔵庫は、日本でも三種の神器といわれ、たいへんありがたいものとして、家庭に入り込んできました。いわばアメリカ的生活が日本でも求められたのです。その後自動車の普及、大量消費・使い捨て文化の浸透で、知らず知らずの内に生活文化は奢侈的な物質文明にどっぷり浸かる破目に至りました。我々の多くは、物があふれている世界に浸ってきたのです。日本では、技術（特に生産）の進歩による景気の上昇と持続のお蔭で、所得も増え、生活に満足感が満ちていたとき、実は地球環境・資源を著しく損なうことになっていたのです。そしてその生活文化が今も続いています。一方、西・北欧諸国ではその問題に70年代の初めより気付き、持続可能な社会を求めるようになり、日本も後追いをはじめるに至ったのです。日本人の年配者の気持ちに残っていた「もったいない」の心は、ノーベル賞受賞の故マータイ女史のMottainaiによって火が付けられ、心ある人々によってSustainabilityの研究、啓蒙がはじまったのです。

# 第Ⅴ章

# 17目標のSDGsに関連する諸研究、その展開

SDGs17「目標」の運用を発展的に促すために、関心を寄せていただきたい次の3事項

**・「目標17」のESG展開によるサポート**

**・「目標9」の技術・開発について**

**・「目標12 13 14 15」の気候変動と植林について**

それぞれの現状、状況の展開、そしてSDGs「目標」開発をする意味合い、将来の見通しなどを、読者の方々の理解を深めるため以下に記述していきます。

## 第1節　SDGs開発のためにESG展開の前向きな活用を期待する

はじめに、直接の支援としてのODA（政府開発援助）については、その額とGNI比率を、第Ⅱ章のSDGs17「目標」で述べています。そしてその対象としているのは、17の中の14を除いた16の「目標」とされています。この国あるいはDAC（開発援助委員会＝OECDの下部機関）が直接関係、支援している資金の他に、次に述べる**有効なESG投資**があります。

①ESG投資は、パートナーシップを謳《うた》ったSDGs17のターゲット17.3と17.5で規定されてい

**表5―1　ESG投資残高**　単位　10億ドル

| | 2012年 | 2014年 | 2016年 |
|---|---|---|---|
| 欧州 | **8860** | **10810** | **14000** |
| 北米 | 4250 | 7240 | 9810 |
| オーストラリア・ニュージーランド | nil (0) | nil (0) | 170 |
| 日本 | nil (0) | nil (0) | **160** |
| 世界合計 | 13110 | 18050 | 24140 |

て、大きく展開、貢献されるべきものと思われます。SDGs絡みの枠組みに積極的に活かしてほしいものです。

・ESGとは、Environment Social Governanceの短縮語で環境・社会・統治のことです。2006年に国連が提唱した(UN) PRI (Principles for Responsible Investment＝責任投資原則）が、その根底にあるとともに、SDGs（2030年に向けた行動指針「持続可能な開発目標」）の目標実現のための資金的な枠組み・基盤といえます。

・言い換えるならば、SDGsを推進する目的で、ESG投資を活かし、そのサポートのために活用すべきです（ODA資金供与とは別もの）。

・表5―1によると、欧州諸国のESG投資への積極的な姿勢が見てとれます。**日本の水準は著しく低く、SDGsを進めるためにも、ESG投資がもっと広がらなければなりません。**

②ＥＳＧ投資のテーマ（対象課題・切り口）

・ＥＳＧ投資とは前述したようにEnvironment Social Governanceの短縮語で、その３要素を日本語訳すると環境・社会・企業統治のことです。これも前述したＰＲＩ（Principles for Responsible Investment＝責任投資原則）がその基軸ですが、倫理的側面の重要性を重視する企業経営を行いつつ、企業収益を確保・拡大すべきとのフレームワークです。その投資の具体的切り口は後述するような各要素のパターンです。

・（ＵＮ）ＰＲＩに署名している世界の機関の数は１９００を超えており、署名している企業はその投資の50％以上を責任投資することが義務づけられています。日本の年金積立金管理運用独立行政法人（ＧＰＩＦ）も２０１５年に署名しました。

・**世界での２０１６年のＥＳＧ運用規模は約２５００兆円（２２．９兆ドル**〈１ドル１１０円換算〉）とされており（2年前比25％強増加）、この**ＥＳＧ投資額は全体の25％**であり（全投資額は約１京《けい》円）、たいへん大きな規模になっています。

・しかし一方、２０１７年の日本でのＥＳＧ投資額は全投資額の約35％になっている（日本サステイナブル投資フォーラムによる）。前述したように、未だ額は小さく、換言すれば、今後大きく伸ばす余地があるといえます。

・このＰＲＩ（＝責任投資原則）を前述の投資指針で行っているものを、ＥＳＧ投資の範囲と（同義と）理解することができます。

そして、そのＥＳＧ投資が関連している基盤（協定・開発プラン）には、
▪2年前の、**温暖化防止対策の「パリ協定」**遂行のための実施事項への活用
▪２０１５年に設定の、**ＳＤＧｓ（２０３０年に向けた行動指針「持続可能な開発目標」）と17の「目標」**の推進・展開への活用
の二つの枠組みがあります。

・一方、前記に似ていて別のものとして、**ＧＥＦ（地球環境ファシリティ）**があります。これは世界銀行に設置されている信託基金で、世銀、ＵＮＤＰ（国連開発計画）、ＵＮＥＰ（国連環境計画）などの国際機関が、ＧＥＦの資金を活用してプロジェクトを実施できるものです。地球規模の環境問題を対象とするプロジェクトに追加的に負担する費用（Internal Cost）に活用できる資金で、その原資は１４６（～１２５）億ドルです。１９９１年設立以来１６５か国で支援・活用され、関連資金として他の機関からの７４３億ドルがもたらされています（１９９１～２０１５年）。**ＧＥＦは主としてＳＤＧｓ13、14、15を対象**としているスキームです。

・ＧＥＦはその名のとおり環境関連のみに対する支援の仕組みです。すなわち、支出項目は生物多様性、気候変動、国際水域保全、土地劣化、水銀汚染、オゾン層保護、森林管理などが、今後の重点援助分野です。

なお全体像の理解として、ＧＳＩＡ（Global Sustainable Investment Alliance＝世界持続可能投資連合）によれば、前記ＰＲＩ（責任投資原則）に署名した機関の合計運用資産総額は、全世界で62兆ドル（約７０００兆円）。２０１８年の世界のＥＳＧ投資残高は約２１３５８十億ドル（約２４５０兆円）で、運用総資産の約３割を示しています（データーソースにより幅あり）。

③ＥＳＧ投資を正しく機能させるためには

表５―２にまとめたように、３要素ごとにその投資対象を適正に振り分けることです。

現在世界は経済・経営において発展が止まり、資本主義の限界が見られつつあります。富める国に対して、最貧国がいっそう増えつつあります。各国の間の貧富の差もさることながら、国の内部、特に日本でも所得格差の拡大が顕著です。この打開のための基本として、日本の経済再興戦略としても、このＥＳＧ投資を活かすべきです。

**表５―２　ESG投資 - ３要素ごとの投資対象？**

| Environment | Social | Governance |
|---|---|---|
| **$CO_2$に関する情報開示、測定と報告** | **児童労働** | 役員報酬 |
| **気候変動**が企業に与えるリスクエクスポージャー／機会 | 差別問題 | 取締役会議長、最高経営責任者の分離 |
| 生態系の変化 | **民族・人種・宗教・性別等による多様性** | **株主権、透明性の高さ** |
| 危険廃棄物の処理／ 浄化 | 遺伝子組み換え作物 | 買収防御策／ 企業支配権の取引 |
| 汚染／ 公害への対策 | セクシャルハラスメント | ポイズン・ピル |
| **再生可能エネルギー** | **奴隷労働、従業員の健康** | 取締役会機能 |
| **資源の枯渇** | **社会貢献** | **情報開示** |
| 水資源 | **貧困での取組み** | **法令順守** |
| | 女性の活躍 | 公正な競争 |

**表５―３　世界としての役割りPRI署名のアセットマネジメントの数とその資産残高の推移**

| | 2011年 | 2016年 | 2018年 |
|---|---|---|---|
| マネジメント数 | 225 | 304 | 372 |
| 運用資産高 | 3.8兆ドル | 12.0兆ドル | 20.5兆ドル |

**世界ではＳＤＧｓ用投資が年々着実に増加しています**（表５―３）。

④日本の年金機構（ＧＰＩＦ）

ＧＰＩＦは前述のように、２０１５年にＰＲＩに署名し、現在総資金１６０兆円の内、ＥＳＧ投資額は２０１８年に1.5兆円（過去分を合わせて2.7兆円）で、今後の多額のＥＳＧ投資の可能性に大いに期待します。ＧＰＩＦ機構としても投資指針としてＥＳＧを十分考慮しての投資を運用会社に求めています。ＥＳＧレーティングの運用をはじめているＳＤＧｓの17の「目標」のスキームにしてもらいたいと思います。

⑤ＥＳＧ投資をもっとＳＤＧｓに活かすべき

ＥＳＧは、過去に遡るとＣＳＲ（Corporate Social Responsibility＝企業の社会的責任）基準の履行を必要とするＳＲＩ（Social Responsible Investment＝社会的責任投資）のスタートがその基礎にあります。さらに（ＵＮ）ＰＲＩが漸次展開されるようになり、ＥＳＧ投資が現実的な運用基準・ツールとなっていると考えることができます。そして、この**ＥＳＧ投資をＳＤＧｓに活かし、その17「目標」を実現して行くべき**と考えます。

・すでに資本主義の限界が露呈されています。グローバルに見るとき、最貧国と富める国の格差の拡大、富める国の中での貧富の拡大と社会不安、最貧国への支援の行詰まりが生じています。さらに、Me（Us）and Now の社会文化、ゼロ金利や短期的な利益追及などの投機的経済、社会構造の歪みなど、これらさまざまな弊害が、新しく画期的な投資を希求する状況を生み出しました。それが今やＥＳＧ投資に大きな期待を抱かせる要因となり、**ＥＳＧ投資を通してのＳＤＧｓの目標達成が求められるのです**。

・なお、切り口が少々異なりますが、「国際連帯税」によって得られる税金をＳＤＧｓ展開の資金に活用するのも一つのアイディアです。「航空券代」「金融取り引き」などに上乗せして税金を集めることを欧州では検討しはじめています。すでにフランスでは２０１７

年に2.25億ユーロの税収がありました。SDGsの伸展のために有力かもしれません。

⑥まとめ

前述したように、世界での2016年のESG運用規模は2500兆円（22.9兆ドル）と、たいへん大きな規模になっています。一方、2017年の日本でのESG投資額は136兆円です。未だ額は小さく、今後大きく伸ばし得る余地があり、また、大きく伸ばすべきです。

そして、重要課題となっている、ODA支援をはじめ、その他複数の財源を活かしてのSDGsの促進・展開と並んで、特に**ESG投資を増やすことがたいへん強く望まれます**。そのためにも、ESGレーティングを効果的に活用してESG投資を伸ばすことが期待されるのです。

## 第2節　世界をリードする日本の技術開発、研究開発に焦点をあてる

日本は世界に冠たる先進技術大国です。ここではその基盤となる素材・材料絡みの研究・開発に焦点をあてて、地球社会の持続性、地球環境・資源保全のために活かすには、どのようにすればよいのか総合的な理解を深めるために解説します。

関連する「目標」は、ＳＤＧｓ６、**７**、**８**、**９**、10、**12**、13で、特に「目標９」が大きく関わっています。

①「地球社会・地球環境の持続性」―ＳＤＧｓを進めるには企業はどう対応すればよいか

企業の将来を決めるのは、技術・開発による製品開発、商品企画、そして事業拡大経営だといわれて久しいものがありますが、今や「地球規模の環境・資源の持続性」が強く求められています。しかし収益を求めるあまり、改良、改質、新規製品を求める際、不必要な物の技術開発をしていないかどうか、奇を衒《てら》うような独りよがりなもの、度を過ぎた贅沢品を開発・市場化していないか、さらに差別化と称して資源・原料・エネルギーの使い過ぎをしていないかどうか、つまり従来の経営（学）は棚卸し・総点検をしなければならない時代になっ

ています。

その背景としては、生態系の破壊、気候変動の進展、資源の枯渇、貧困の拡大など、現代文明の負の側面が余りにも大きくなり、地球環境のみならず、人類自体の存続すら危ぶまれるに至っていることがあります。すなわち、今求められている技術・開発（イノベーション）は、環境保全型か、省資源・省エネ・省力指向のもの、そしてSDGsを充足するものでなければなりません。決して単なる利益・富を獲得するためのものであってはならず、社会的意義のある、かつ「Innovation for Sustainability」のものでなければなりません。

②環境保全型、省資源・省エネ・省力のための基本的路線

技術・開発の枠組みは省資源・省エネ・省力型で次のような条件を充たすものでなければなりません。特に、先進産業国においては、

・使用資源については、「再生可能な資源の持続可能な利用」を建て前として、利用速度が供給源の再生速度を超えないようにする。

・「再生不可能な資源」の利用はリユース・リサイクルを促進するとともに、漸次可能な限り「再生可能な資源の利用」へ転換する。

・「汚染物質」の排出速度は、自然環境が汚染物質を吸収し、十分に無害化できる範囲と

する（核汚染物質の排出は悪い例）。
・事業活動に必要な土地面積を可及的に減らして、生態系の復活と保全に努める。また、Bio Mimicry（生擬態）技術の研究と積極的な活用を行う。
・消費嗜好の多様化に乗じ、付加価値品の市場化と称して、資源使用の多い、また無駄の多い商品の開拓・事業展開を慎しむ。
・**技術に万能はなく、マイナスの部分が必ず付随しています**。例えば、農薬は収穫増に寄与しますが、人体・健康に悪影響のあるものがあり（C国、A国からの輸入野菜にそのおそれ）、車のスピードアップは燃料使用の増加につながり、また危険リスクを生みます。中でも、**原子力発電で発生する核のゴミはその典型的悪例です**。技術・開発においては、「地球環境・資源の持続性」を確保・維持する視点から、そのようなマイナスが発生しない仕組み・フローが必要です。
・また、近年の医学、生化学の著しい進歩が齎《もたら》す人類への貢献に便乗して、多くの企業・技術者が、人間の弱みに付け込んでの刹那快楽的や金儲けに通じる技術・製品開発に振り回されていないか。
以上を先進産業国の企業は自覚して、自社の地球環境倫理綱領を対外的にも公表し、経営方針の支柱にすべきです。

③今後の環境保全、省エネ・省力化を目指す技術開発の高度化の方向

総合的な開発強化の対象の例として、「2050日本低炭素社会プロジェクトチーム」（国立環境研究所、京都大学、立命館大学など）が中心となってとりまとめた「2050日本低炭素社会シナリオ」を参考にして、検討した技術・開発の主なものをあげてみます。

■家庭・業務／省エネヒートポンプ、太陽熱給湯器、省エネ照明（LED他）、EL開発品、燃料電池コジェネ、太陽光発電、HEMS（ホーム・エネルギー・マネジメント・システム）、BEMS（ビル・エネルギー・マネジメント・システム）、高断熱住宅

■運輸／省エネ型レシプロエンジン自動車、省エネ型ハイブリッドエンジン自動車、電気自動車（長距離走行）、天然ガス自動車、燃料電池自動車、自動車車両の軽量化（炭素繊維利用も）、高効率鉄道（LRTを含む）

■産業／省エネ型ボイラー、高効率モーター、省エネ型自家発電装置、廃プラスチックの原材料化

■エネルギー転換／省エネ石炭火力発電（$CO_2$発生の問題を残す）、省エネバイオマス火力発電、天然ガス改質の水素製造、バイオマス改質水素製造、水素ステーション・タンクローリー

④環境ビジネス、省資源・省力型ビジネスを進める場合に、今後の技術方向性を見極めつつ行うことが望ましいといえます。そして前記のいくつかの目標・計画を参考にして、以下のように考えることができます。

地球環境保全に貢献するための必要かつ重要な課題として、次のような技術開発がありま す。例えば自動車においては低燃費車（省エネ型ハイブリッド車、燃料電池車）の早急の開発・普及。また太陽光、風力（洋上を含む）、バイオマス、小水力、地熱などの発電による化石燃料に代替するエネルギー生産。燃料電池システムの開発・実用化。燃料電池コージェネレーション、水素エネルギーなどの開拓推進。そして特に素材としては（後述のように）、生分解性・光分解性プラスチックや超伝導素材の材料開発などが重要と考えられます。

**⑤SDGsアジェンダ30の推進・展開のための最先端技術**

SDGs6、7、8、**9**、10、12、13、17に関連します。

・⑤-1　AI、IOT、ロボット関連などのさまざまな最新技術

前身としてのクラウドワークス、スマートシティー、そして特にビッグデータの急速な発展が可能にしたインフラによるサポートが要素となって、AIを軸に「双方向性」を第一の機能としたIOTが著しく急激に発展・展開しつつあります。

この分野はまさにアメリカのマイクロソフト社ではじまり、グーグル、アップル、フェイスブック、アマゾン（GAFA）の圧倒的な強さに対して（独禁法違反の疑いも出ている）、中国がHUAWEI（華為技術）で競争に参入しています。遅れた日本は（ドイツなどの欧州諸国と組んで）基本的基盤の構築と応用化で追いつき、追越す必要がありますが、いずれにしてもこの革新技術の結果・成果を、発展途上国を含むグローバルな利用にするべきで、それなくしてはSDGsへの反映・展開にはならないのです。

- 工場におけるコスト的メリットを有している多品種少量生産、消費者ニーズを敏感に反映した生産計画・部材展開、発注・受入れ、生産・管理、出荷までをワンストップで行う「AI時代の工場」は、スマートファクトリーともいえます。
- 物流での双方向化、高度化、省力化。
- 家庭生活における家電の省エネ化、住宅施設での省エネ。
- 身障者のリハビリテーション機器、介護用の着用ロボット。
- 総合的にはIOT技術の**省エネ・省資源、そして環境を含む地球社会の持続性維持への貢献は大きい**。
- 自動走行システムの開発においては、アクセル、ブレーキ踏み違えなどによる衝突、殺傷事故の頻発から、自動制御（停止）の開発を最優先にすべきでしょう。

■外科的手術のロボット化（ダビンチ）、着衣での簡易な心拍数計測などの医療機器への活用。

**これらの技術開発の結果・成果を自社、自国のみに留めず、SDGsアジェンダ30の方針に従って広く発展途上国、最貧国にも及ぼすべきです。**すなわち、企業、投資機関はPRIの原則で、ESG投資をすることが必須なのです。

・⑤-2　環境汚染の当面の最重要課題の一つは生分解性プラスチックの開発

廃棄されたプラスチックは、自然環境下では分解されずに蓄積していきます。例えば海洋浮遊物の約60％がプラスチックで、それが海洋汚染の大きな原因となり、漁業にも悪い影響を与えています。一人ひとりが正しい意識を持ち、分別・回収・廃棄処理をすれば解決できる問題ですが、現実は回収・処理されずに放置されるものが多く、環境問題を起こしています。

この事態に対処する生分解性プラスチックは、自然界で微生物の作用によって分解されるもので、次の3種類があり、化学会社を中心に開発が進んでいます。

**■生分解可能な合成高分子**

**■植物や動物由来の天然高分子**

**■微生物が生産するバイオプラスチック**

・⑤-3　遺伝子工学・DNA科学

山中伸弥教授の研究成果のiPS細胞が基盤要素となって、（トレジャー）DNAが医学的に役立つ機能に大きく依存しつつ（将来的には多方面かつ有機的に）、糖尿病予防・治療、ガン治療・抑止、また長寿化の検討・研究、他の多くの疾病に対する治癒・治療などに活かし得る研究・開発が急速に進んでいます。直近の具体的なiPS細胞での開発例として、肝炎のミニ肝臓の再現がありますが、これにより体内に近い状態を外部で観察でき、病気の仕組みの解明や治療薬探しに生かせるのです。なお、かつてのように、**DNA操作によって、農作、養殖などでの収獲を増やすとの商用目的**ではなく、ここで述べているような人類に役立つ無限の可能性を秘めた分野での開発は必要で、たいへん希望に満ちています。当事国のみでなく、特に発展途上国・最貧国への応用的な医療的支援は極めて価値が高い（iPS細胞の活用による角膜の初移植の発表-2019年8月）。**将来的な人類社会への貢献は計り知れず、SDGs「目標3」や他の「目標」に大いに役立つことは間違いありません。**

・⑤-4　医療素材開発（部分的に実用化している）の先端技術

医療用素材における先端技術は非常に重要です。カテーテル素材で血栓がほとんどできないものの開発が最近実現しており、医師にも患者にもたいへんな朗報となっています。カテーテルは薬液を注入する目的で血管に差し込む器具ですが、体は血管の傷と認識して、血小板と凝固するたんぱく質が集まり血栓を作ってしまい、脳梗塞や肺血栓症をおこす遠因となります。血小板の付着を防ぎ、タンパク質の働きを抑える高分子2つを、カテーテル素材の表面に取り付けることでその問題発生を防ぎ、手術の安全性が大幅に高まる素材が開発されています。このような医療における先端技術は人々の幸福に役立つもので、広い意味で人類の生存、すなわち、「人類社会の持続性」またその絡みの研究に貢献するものです（SDGs3などに関連）。

・⑤-5　核融合

核分裂による原爆は論外であり、また原子力発電も、先進国ではもはや新設は行っていません。核分裂は地球を汚染し、核危機の大きな禍いとなります。それに対して将来的課題ですが、核融合によるエネルギーの確保・獲得は、汚染のないきれいな先端技術として先進国では研究開発を強化しています。日本では、フランスと共同で「ITER」の研究を進めており、２０２５年にプラズマの作製、そして２０３５年に核融合を実現する計画で遂行しています。また、「ＪＴ-60ＳＡ」を日欧共同で研究を進めており、さらに大阪大学でもレーザーによる核融合を研究中です。核分裂のトラウマから脱却するためにも、**核融合のエネルギー開発（長期に時間を要するが）の成功をＳＤＧｓの視点からも大きく期待します**。これにより核兵器、また原子力発電の諸害悪より免れることができるでしょう。

・⑤-6　ＳＤＧｓ推進の大きな要素の一つとなっている再生可能エネルギー

ＳＤＧｓ「目標７」で部分的に述べていますが、環境・資源の保全絡みで、ＳＤＧｓ７、８、９、12、13、15と関連します。

■世界の再生可能エネルギー（自然エネルギー）の現在の発電設備量は次の通りです。

| | |
|---|---|
| 中国 | １１８（単位　MkW） |
| アメリカ | 93 |
| ドイツ | 78 |
| スペイン | 32 |
| イタリア | 31 |
| インド | 27 |

世界合計　５６０（３４３４GkWh）
日本はこの６ヵ国に入っていません。また、その発電量（再生可能エネルギー）は、わずか76GkWh（世界の2.2％）です。
そして特に注目すべきは、世界の再生可能エネルギーの発電力の比率は、すでに総発電力の14.7％になっていることとともに、中国の再生可能エネルギーが全世界の、21％になっていることです。

いろいろな再生可能エネルギー（自然エネルギー）の今後について、ＳＤＧｓ７で記述したとおりです、日本としては、遅行している再生可能エネルギーの展開・充実を優先課題の一つとしつつ、エネルギー用素材の開発、技術の開発（水素燃料電池など）をもう一つの優先課題とすることが必要です。一方、諸外国との関係、すなわち地球規模においては、日本での展開を基盤にしつつ、世界の国々、取りわけ発展途上国（アフリカ、アジア地域）での展開に積極的に貢献することが必要不可欠と考えられます。
前述のように、**再生可能エネルギー（自然エネルギー）の充実、拡大を図りつつ**、その前提として省エネルギーに役立つ地球環境にやさしい（画期的）基盤素材の開発・展開をしっかりと進めることが必要なのです、

・⑤-7　補足的にクリーンな水素エネルギーについて

化石燃料から$CO_2$が排出されるのは炭素（C）が原因なので、水素だけを取り出して使用するとの考えの研究・開発が進んでいます。具体的には炭素、水素、酸素からなる石炭に水素を反応させてメタンと水を成生し、さらにメタンを分解して炭素と水素を成生します。この方法で約24％のエネルギーが水素として取り出せると予測されています。また、天然ガスからのスタートであればメタン化の段階は省略できます。

さらに、今後の基盤ソースとしては、

**1太陽・風などの再生可能エネルギー**

**2バイオマスエネルギー**

**3下水処理、家畜の排泄物からの（メタン）ガス**

**4製鉄場、化学工場などからの排熱**

などが考えられます。

⑥地球社会の持続性（ＳＤＧｓ）のための技術・開発の要約

ＳＤＧｓ7、**8**、**9**、10、12、13、17に関連にします。

・前述しているように、生態系の破壊、気候変動の進展、資源の枯渇、貧困（特に最貧国）

の拡大など、現代文明の負の側面が余りにも大きくなり、地球環境・地球社会の維持・存続が危ぶまれるに至っています。今求められている技術・開発（イノベーション）は、環境保全型か、省資源・省エネ・省力指向のもの、すなわち、社会にとってSustainable（持続可能）なものでなければならず、決して自社のみの利益・富を追求するだけではいけません。社会的意義のあるもの、そして人類史的意義のあるものでなければなりません。**技術・開発は「Innovation for Sustainability」を目指し**、17のＳＤＧｓ「目標」に沿うものでなければならないのです。

# 第3節　地球環境問題対応の一丁目一番地、森林の減少に歯止めをかけ植林を奨める

SDGs13、14、15に関連する基本的課題として、すべての国において気候関連災害や自然災害に対する強靭性と適応能力を強化することはいいことです。

・UNFCC（国連気候変動枠組み条約）でのコミットメントを実施するべく、資本を速やかに投入し、緑の気候基金を本格始動させる。

・2025年までにあらゆる種類の海洋汚染を防止し、大幅に削減する。

・2020年までに過剰漁業や違法漁業を終了し、科学的な管理計画を実施する。

・2020年までに森林減少を阻止し、世界での新規植林、再植林を大幅に増加させる。

・2030年までに砂漠化、洪水に対処して、悪化した土地と土壌を回復し、土地劣化に加担しない世界の達成に尽力する。

・すでに述べたパリ協定、自動車工業での$CO^2$の削減問題を踏まえる。

これらの前提の上に、ここでは地球環境、特に森林のための植林問題、喫緊の課題となっている気候変動とその影響について述べたいと思います。

**表5—4　世界の森林面積の近年の推移**

| | 森林面積(百万ha) | 期間 | 面積(千ha) | 増減率(%) |
|---|---|---|---|---|
| 1990 | 4128 | | | |
| 2000 | 4056 | 1990～2000 | －7267 | －0.18 |
| 2005 | 4033 | 2000～2005 | －4572 | －0.11 |
| 2010 | 4016 | 2005～2010 | －3414 | －0.08 |
| 2015 | 3999 | 2010～2015 | －3308 | －0.08 |

①森林の面積が減少することは、生態系の保全のために、また光合成によるCO$^2$の吸収、削減のために問題です。近年依然としてその面積減の傾向が続いています。

・表5—4でわかるように、世界の森林面積は、過去25年間に41億haから40億haへと、3.1％減少しています。しかしながら近年は森林の持続性の努力が広がり、森林減少の割合が縮小をはじめています。

・表5—5にあるように、ロシアとブラジルが森林大国といえます。特にブラジル、コンゴ民主共和国、ランク外ですが、インドネシアなどは生物の生息地として良好であり、面積が広がるとよいのですが、その点は前向きの対策が必要と考えられます。

・表5—6の上位にランクされているブラジル、インドネシアをはじめとした低緯度の国は、生物の種の宝庫であ

**表5―5　森林面積上位7ヵ国**

| | 国名 | 森林面積（百万ha） | 陸地面積に占める割合（%） | 世界の森林面積に占める比率（%） |
|---|---|---|---|---|
| 1 | ロシア | 815 | 50 | 28 |
| 2 | ブラジル | 494 | 59 | 12 |
| 3 | カナダ | 347 | 38 | 9 |
| 4 | アメリカ | 310 | 34 | 8 |
| 5 | 中国 | 208 | 22 | 5 |
| 6 | コンゴ民主共和国 | 153 | 67 | 4 |
| 7 | オーストラリア | 125 | 16 | 3 |

**表5―7　森林面積増加上位国**

| 国名 | 年間増加面積（千ha） |
|---|---|
| 中国 | 1542 |
| オーストラリア | 308 |
| チリ | 301 |
| アメリカ | 275 |
| フィリピン | 240 |

**表5―6　森林面積減少上位国**

| 国名 | 年間減少面積（千ha） |
|---|---|
| ブラジル | 984 |
| インドネシア | 684 |
| ミャンマー | 546 |
| ナイジェリア | 410 |
| タンザニア | 372 |

り、かつ$CO_2$を吸収する森林も豊かなので、その面積の減少は問題があります。

・表5―7のトップにランクされた中国は、植林によって森林面積が広がっています。他にオーストラリア、チリ、アメリカも、地域により植林を進めていて、これらの国の中の地域によって、保水効果、光合成効果などを図りながら森林面積が広がりつつあります。

一方、いくつかの目的をもって政策的に増やしている人工林

表５―８　人工林面積（千ha）　2015年

| | 国名 | 人工林面積 |
|---|---|---|
| 1 | 中国 | 79982 |
| 2 | アメリカ | 26364 |
| 3 | ロシア | 19841 |
| 4 | カナダ | 15784 |
| 5 | スウェーデン | 13737 |
| 6 | インド | 12031 |

表５―９　炭素蓄積量（Gt＝10億トン）

| 地域 | 蓄積量 |
|---|---|
| 南アメリカ | 103 |
| 北アメリカ | 40 |
| ヨーロッパ | 43.5 |
| アジア | 37.5 |
| アフリカ | 56 |

面積というものがあります（表５―８）。

・人工林面積は、林産物や環境サービスの需要の拡大により、増加を続けるであろうと見通されています。持続可能な森林経営といえるでしょう。

森林面積の減少の結果、炭素蓄積量も表５―９のように減少しています。

・将来の森林の植物力を示しているともいえる数値ですが、ヨーロッパのみが増加していて、他のすべての地域で減少しているのが現状です。

さて、世界の森林は今、この瞬間も減少を続けています。世界の森林面積は約40億haで、全陸地面積の約31%を占めていますが、２０００年から２０１０年までの10年間に年間１３００万haもの森林が失われてしまいました。年間１６００万haであった１９９０年代よりもその速度は緩くなっているものの、依然、広大な面積の森林が失われ続けています。中国の大規模な植林事業などによる増加もあったため、世界全体での森林の純消失面積は年間５２０万haとやや改善していますが、依然として日本の国土の約14%にあたる森林が地上から消えたことになります。

近年、世界で最も森林減少が著しいのは、ブラジル、インドネシア、そしてアフリカの熱帯諸国です。南米、東南アジア、アフリカ地域の熱帯に位置する国々の多くは、元来、熱帯気候と豊富な降水量により国土の大半が森林に覆われていましたが、20世紀に入って急速に森林が失われてきました。また森林面積の減少だけでなく、伐採により立木の密度が低下するなどの劣化した森林も大きな問題となっています。

これら諸国・地域での行政機関とともに民間企業、ＮＧＯによる植林活動も進みつつあります。

近年、異常気象が世界の多くの場所でみられています。直近の日本では、７月の冷夏、８

月の台風をともなった豪雨も典型的な例ですが、パリでは41℃を超える歴史上初めての暑さといわれています。

毒のようにじわじわと地球を蝕む「異常気象」の例として、年ごとに中国には6～7個、フィリピンには4個、台湾には5～6個の台風がきます、日本には昨年10個、本年（２０１９年）は10月現在、すでに本土近くに8個以上もきています、台風は、暴風とともに洪水をともない農業・漁業をはじめ多くの業種に大きな打撃を与えます。病原菌などの蔓延も警戒しなくてはなりません。

２０１９年9月に関東地方を襲った強い台風15号は、歴史的な57.5ｍ／秒の強い風と豪雨を齎《もたら》し2基の送電塔、20本以上の電柱をなぎ倒し、3～10日以上の停電を引き起こして温暖化・気候変動が原因となった甚大な災害として記録されました。その記憶も生々しいひと月後には、雨量がさらに増した台風19号が襲来し、中部・関東・東北の広範な地域に15号を凌ぐ大きな爪痕を残しました。気候変動の凄まじさ・地球環境の大切さを改めて感じざるを得ない秋となりました。

上述のように世界の森林は減少していますが、**植林（有効な対策）により気候変動に対する備えをすることはたいへん大切です（ＳＤＧｓ13、（14）、15）。**

なお、環境汚染対策もＳＤＧｓ12で明確に規定されています。先進国における新規の原子力発電の建設中止は、核汚染の回避が大きな要因です。エネルギー供給においては、再生可能エネルギーへの移行が世界的に進みつつあります。核汚染による弊害はＳＤＧｓ３にも関わる大きな問題です。

# 第Ⅵ章

# アジェンダ30
# SDGs17「目標」の結び

## 第1節　各章に沿って——SDGsの推進で「持続可能な人類社会」を実現しよう

ＳＤＧｓは、人類が地球に存在し続けるために必要なベストツールといえます。どのようにして成立したのか。現状にどう対処し、実践していけばいいのか。今一度まとめてみましょう。

### ⑴第Ⅰ章で述べたアジェンダ30・SDGs17の制定過程は、人類史における必然でしょう

①１９７２年に**ローマクラブによって「成長の限界」が明らかにされました。**経済成長が進むにも関わらず、人口増加のために環境破壊、食料不足、石油資源などの有限性・枯渇の恐れが顕著となり、それに対する警告が出されました。そして、その20年後の１９９２年に、環境と開発に関する国連会議（地球サミット）が催されて「環境と開発に関するリオ宣言」が国際合意され、「アジェンダ21」が発表されました。その同年に**ローマクラブによって〝人類による負荷はすでに地球の能力の限界を超えている**（Beyond the Limits）〟と宣告されました。

２０００年の国連ミレニアム・サミットで「ミレニアム開発目標＝ＭＤＧｓ（Millennium Development Goals）」が設定され、これが２０１５年のアジェンダ30へのステップとなるに至っています。

ＭＤＧｓの主な目標と成果

・極度の飢餓の撲滅　・初等教育の相当程度の浸透　・乳児死亡率の大きな減少　・妊産婦の健康改善　・ＨＩＶ、マラリアなどの疾病の改善　など期待に反しない成果が示されていて、ＳＤＧｓへの良き前例となっているのです。

・しかし成果は決して十分とはいえず、先進国の参画を積極的に図り、グローバル化された（地球規模の）アジェンダ30・ＳＤＧｓ17の構想をスタートさせたのです。

②そして、**２０１５年９月にＳＤＧｓ「持続可能な開発目標」が国連加盟国によって決議され、実行が開始されました。**これは従来からの経済発展の尺度であるＧＤＰではとらえられない「持続可能な原則」を重要な要素としていて「ＧＤＰを超えている」と評価されています。第Ⅱ章で述べているように、17の「目標」と１６９のターゲットによって推進・管理しようとするものです。ＳＤＧｓは各国の社会経済政策や、二国間・多国間の国際開発協力のみならず、ＮＧＯなどの活動の基盤、さらにグローバルに勢いを増す民間企業の行動の基準

となることが強く期待されています。そして国連も多層的に実施状況の検証を行うことになるでしょう。

③すなわち、**1972年に提起された「成長の限界」**は**「地球の資源は無限ではない」**ことを世に知らしめ、それから約**50年近く経った今日、アジェンダ30・SDGs17を人類共有の手法・対策として叡智を集めて作り上げ**、諸国で実践のスタートを切ったのです。人類史的に考えれば、2度にわたる**ローマクラブによる「持続可能性の危機」の警告を、17のSDGs「目標」によって克服しようとするものです。**

**⑵第Ⅱ章で取りあげたSDGs 17の「目標」と169のターゲットは、実践の指標となる重要、不可欠な条項です。**

17の「目標」は、MDGsを基礎にしつつそれを乗り超えて、発展途上国とサポートする先進国を合わせた、**グローバルな展開で「持続可能な開発・経済・社会」の実現を目指すものです**。他国を省みない政治・政策（古くは植民地支配、あるいは自国の国益）に留まるのではなく、遅々とした発展途上国の歩みに合わせてともに発展しようとするもので、新しいターミノロジー（専門用語）では、「人類益」といえることを標榜していると思います。

ＳＤＧｓの17ある「目標」の何れも重要不可欠なものですが、ややラフな括り方をすれば、［1、2］、3、4、6、7、9、［13、14、15］は、その狙いからして重要（Objectives）で、その手段（Infrastructures）として8、10、12、16、特に17は大切です。そして5、11は両要素を担っているともいえましょう。第Ⅱ、第Ⅲ章で「目標」ごとの要点を記述しています。

**⑶第Ⅲ章ではＳＤＧｓの確実な遂行と、目標・ターゲットの正しい理解・認識の仕方をさまざまな視点から述べています。**

ＳＤＧｓはグローバルな社会・環境を正しく展開すべきもので、目標・ターゲットを正しく理解し、前向き、かつ積極的に対応すべきものです、国際的社会貢献ともいえましょう。ＪＩＣＡ（独立行政法人国際協力機構＝日本の政府開発援助（ＯＤＡ）を一元的に行う実施機関）の働きは評価されています。第Ⅱ章の規定での表現の不十分さは、それを補って対応、行動するのが望ましいでしょう。それによりアジェンダ30・ＳＤＧｓ17を超えた先の次元では、人類の叡智がさらに発揮されることになるでしょう。

なお注意すべきことは、ＳＤＧｓを単に自社のセールス用語として、また自分達の便益のためだけに利用してはいけません。

そして、第5節の〝宇宙船地球号〟の解説を精読すれば、SDGsの必要性、重要性の背景と根拠がしっかりと想像できるでしょう。

**(4)第Ⅳ章では、グローバルコモンズとEF・BCについて詳しく述べています。**

2008年、**WWF（世界自然保護基金）は、EF（エコロジカル・フットプリント）とBC（バイオ・キャパシティー）の数値**を使って、人類が地球に与えている負荷の大きさと危機を警告しています。

**グローバルコモンズは、人類にとって侵してはならない公共という認識がポイントです。SDGsの目指す「持続可能な地球環境・人間社会」は、まさにそれと通底**するものがあります。

これらの観点から、SDGsの背景・基盤について詳述しています。〝Beyond SDGs 30〟のさらに先の時点では、この理念と警鐘がいっそう強く認識されることになるでしょう。

**(5)第Ⅴ章では、SDGsを推進するための資金、SDGsと関連する技術・開発、そして環境問題の中から森林・植林について解説しています。**

①ＳＤＧｓを支える資金には、ＯＤＡ（政府開発援助）やＤＡＣ（開発援助委員会＝ＯＥＣＤの下部機関）が直接支援するもの以外に、**ＥＳＧ投資**というものがあります。「目標17」に大きく関わるＥＳＧ投資について詳述しています。

②ＳＤＧｓと関連する技術といえば、環境保全、省エネ、省力、医療などさまざまな分野のものがあげられます。日本が得意とする技術も多く、それらの素材絡みの技術・開発の紹介とともに、「持続可能な地球環境」を目指すＳＤＧｓのポリシーについても述べています。

③地球環境問題と関連するＳＤＧｓ12、13、14、15の内、気候変動と、特にそれに関わりの深い森林面積減少を取りあげ、その現状と対策について述べています。

## ⑹ＳＤＧｓにおける日本の貢献度は？

現時点での日本の立ち位置（貢献度）は、先進国の中では高いとはいえません。・ＳＤＧｓ参加１４９ヶ国の中で、貢献度1位はスゥェーデン、上位は他の北欧諸国が占めています。イギリスは10位、フランス11位、日本14位、そしてアメリカは25位です。日本はアメリカと並んで先進国としては大いに改善する必要があるのです（ドイツ・ベルテルスマン財団の調査。

・特に日本の貢献が遅れているのは次の事項です。

■ＳＤＧｓ５／ジェンダーの平等

■ＳＤＧｓ７／クリーンなエネルギー（再生可能エネルギー）の分野

■ＳＤＧｓ13／気候変動に関して$CO_2$排出削減の遅滞、原子力発電の存在と稼働

■ＳＤＧｓ14／海の豊かさに関して—適正な漁獲量の設定

■ＳＤＧｓ15／陸の豊かさに関して—過度な都会化、緑化の必要

これらの改善が日本として急務です。必ず改善・貢献できるはずです。

## 第2節　総括—

## 貴重な地球社会、地球環境・資源を未来世代に繋げましょう！

・さて、最後にいえることはアジェンダ30・ＳＤＧｓは、歴史的背景により裏付けられている人類共有の道具であり、国連加盟の約１９０ヵ国により支持されている貴重な資産ともい

えます。たいへん簡潔にあえてまとめれば、依然として食料、飲み水が満足に得られない国々の人々、そして国内にも何らかの理由でそれが得られない人々が今でもいます。そのような状況を是正するため、そして地球環境・資源の危機を克服するため、「持続可能な社会」を構築することが、是非とも必要といえるでしょう。そして、17の「目標」169のターゲットにより、具体的に政策展開を行わなければいけないといえます。これはＷＴＯ（世界貿易機関）によっても確認されています。したがって国・行政、民間事業、ＮＧＯなどがしっかりと、積極的、挑戦的に対応すべきものです。この活動は多くの国、特に北・西欧を中心としてすでにはじまっています。日本もやや遅れながらも開始しつつあり（ＪＩＣＡはその一例）、今後積極的、挑戦的に展開が進むことを期待していますが、その一助としてこの小冊子がお役に立てば幸いです。

・大国の中には、国策として、自国益のみに執着する姿勢も無くはないのですが、その国民の多くは良識を備えているといえます。あらゆる国々が「持続的開発」の推進により、**地球社会、地球環境・資源の危機**を克服し、**人々の叡智の結集で「人類益」の方向に舵をきる**ことを願っていると考えたいのです。そのための仕組みとしてアジェンダ30・ＳＤＧｓ17「目標」を活用してもらいたいと思っています。技術・開発での成果を、資金の有効活用によってグローバルに展開し、遅れた国をサポートすることは、世界の人々にとって大きな貢献になります。

しかも**「誰も置き去りにしない」（no one will be left behind）**をその理念においているのです。

SDGsはグローバルな社会におけるPrescription（処方箋）ともいえましょう。

SDGsに先立つMDGsにおいても、発展途上国を支援しつつ、ある程度の成果を出しており、その実績の積み上げの上にしっかりと開発、展開が実を結ぶことが期待できるのです。

・地球の力（復元力）の1.3倍の負担をかけて今の世代は地球を痛めているのです。一例を示しましょう。化石燃料は、数千万年前の中世代以降から、百数十万年前の新世代中期に至る長期間（約数千万年の間）に生物の遺骸により生成されたものを、人間が19世紀末葉より使いはじめて百年そこそこで、使い尽くしつつあるのは将来を見通さない人間のエゴイズムでしょう。このような地球に対する蛮行は、環境・資源、地球社会の危機を呼び起こしています。それに対して、アジェンダ30・SDGs17「目標」でグローバルに人々をサポートし、地球に優しくすることが今や大切なのです。

・大変残念なことに、現今（２０１９年）での各超大国の権益の激しい主張は、１９８９年のベルリンの壁崩壊後の最悪となりつつあります。安全保障理事会は事実上ほとんど機能不全です。こういう時こそ、経済社会理事会の深く関わっている**アジェンダ30・ＳＤＧｓの機能が正しく、十分に機能し、「目標17」がしっかりと成果を産むことを強く希望**してやみません。思い起こせば、過ぐる世界大戦で忌まわしい焼夷弾空襲を受けた実体験者として、グローバルコモンズがしっかりと浸透して、ＳＤＧｓが成果を収め、地球環境・地球社会の危機（ＥＦが示すような）が克服されるのを切に願います。経済・社会の面から世界の平和を誘引したいと強く思います。

・各国が自国益を優先して、地球の枠組みを顧みない政策・活動では秩序が保てません。国連がリードするアジェンダ30・ＳＤＧｓ17「目標」の実務、展開に導かれつつ、「持続性ある」開発、推進、支援を進めるべきです。それが環境・資源の上で破局にも至りかねない宇宙船地球号に優しくする唯一の方法です。

・**持続性ある地球環境・資源、人類社会（平等を標榜しつつ）を17のＳＤＧｓ「目標」の実践、展開によりそれを実現することが必要なのです。**

・それにより、今の我が身（Now and Me）のためだけでなく、後世の人々にも地球の恩恵が受けられるようにしなければなりません。地球は本来すべての人々のものですが、一部の人々、一部の強国により、優先的、あるいは独占的に扱われています。第Ⅳ章で記述した地球環境・地球資源に危機が迫っている現在、ＳＤＧｓ10の平等、17のパートナーシップをはじめとした**アジェンダ30・ＳＤＧｓの実行・展開により、世界の人々、さらに後世の人々が地球の恩恵に与っていけるようにする**義務と責任が、我々の双肩にかかっているのです。

# おわりに

本書のテーマ『ＳＤＧｓとは何か？』の疑問をご理解していただけましたでしょうか。

ＳＤＧｓを今一度整理しますと、正式には「Sustainable Development Goals」であり、直訳としては〝持続可能な開発目標〟ですが、理念を含めて正しい意訳をしますと「持続可能な地球環境・資源、人類社会」とするのが的確でしょう。

本文にあるように、アジェンダ30・ＳＤＧｓは、歴史的背景により裏付けられている人類共有の道具であり、かつ国連加盟の１９３の国と地域によって支持されている貴重な資産でもあります。平易にいえば、世界には21世紀になった今でも依然として食物、飲み水が満足に得られない人々（わが国内にも何らかの理由で存在します）が今でもいます。そのような状況を是正するためにも、そして人類のための持続可能で包括的な社会を構築するためにも、この17のＳＤＧｓ「目標」と１６９の「ターゲット」が、具体的に政策展開を行う上での強力な指標となるということです。

ＳＤＧｓに関わる日本の現在の立ち位置は、前述したように国際的にみて高いとはいえません。先進国として大いに改善する必要があります。

重要なことは、ＳＤＧｓには国家・政府のみならず地方自治体、アカデミー、非政府組織（ＮＧＯ）、関連企業など、多くの関係者が連携・参画すべきことが謳われています。現にそれに合わせて幾つかの事項の実施がすでにスタートしている点です。したがって日本も後追いですが、積極的に展開する必要があります。

我々人間は目先のみに着眼し、その場での物欲・経済性を優先しがちです。すなわち、国家としてはＧＤＰのみを考える悪い習性に取りつかれています。しかし、近年多くの北・西欧の先進国では、ＬＯＨＡＳ（Life Style of Health and Sustainability＝健康で「持続的」な生活様式・信条）が浸透してきて、「持続可能性」を尊ぶ生活文化が社会の潮流となりつつあるのです。ＳＤＧｓも「持続可能性」を基軸とする共通性をもっており、この生活文化、思想・理念がともに発展することを大きく期待しています。

景気、経済の拡大主義にも「ブレーキ」をかけた方がよい時機にきています。先進国の犠牲になって虐げられてきた開発途上国に対するフラタ一ニティ（友愛）・支援が必要で、同時に地球環境・資源・社会の「持続性」を危機に陥れないようにすることが大切です。

第Ⅳ章で、我々人類が生存するこの地球を、過剰に酷使している状況を、ＥＦ（エコロジカル・フットプリント）がＢＣ（バイオ・キャパシティ）の1.3倍にまでなっていると示しましたが、その解決のためにもＳＤＧｓを規準とした節度ある行動が求められるわけです。それらを満たす要素・仕組みを、本書で述べていますが、それがまさにアジェンダ30・ＳＤＧｓ17「目標」であり、その実践なのです。

ＳＤＧｓが現実に進められた結果、自国のみならず世界の人々へのグローバルコモンズが確実に保たれれば、今や危機の近づいている「地球環境・資源、人類社会」の「持続性」が後の世代にも維持されることになるでしょうし、またそれが強く望まれるのです。

・すでに述べているように、あらゆる諸国が「持続的開発」の推進により、地球社会・地球環境・資源の危機を克服し、同時に人々の叡智が人類自身のために、人類益の方向に舵をきるようになることを願っていると考えたいのです。そのための仕組みとしてアジェンダ30・ＳＤＧｓ 17「目標」を活用していただきたいと思っています。技術・開発での成果を資金の総合的な有効活用によりグローバルに展開して、遅れた国へのサポートを行うことは、現代の、そして後世の世界の人々にとってたいへんな貢献になります、

「持続性」に関わりの深い気候変動の問題も、ＳＤＧｓの事項・課題に則って、しっかりと推し進められるべきことであり、多くの国々、人々により、人類・地球のために、正しく理解され、積極的に行動されることが期待されています。世界的な気候変動によって激しさを増す自然災害が続発しており、その主たる原因の温暖化を大きく改善すべきとの学生ストライキは、スゥエーデンの学生グレタ・トゥンベリさんによる強い主張・警告・活動に起因するものであり、たいへん感動しました。わが国も評価の高い新進気鋭の新任環境大臣に、環境問題で大いにその積極性を期待したいものです。

昨年の台風21号、そして直近では本年（２０１９）の台風15号、19号の大災害は、まさに温暖化による気候変動によるもので、生々しく忌まわしい実例です。気候変動対策は焦眉の急務なのです（ＳＤＧｓ13、14、15）。

飢餓を減らし、清潔な水を飲めるようにすること、そして先進国とできるだけ平等に近くなり得ること、そのいずれもが18世紀以来の人々の権利であり、是非ともその実現を果たす（近づく）ことが望まれます。

自国益のための、地球全体の枠組みを考えない、秩序を失った政策・活動ではなく、アジェンダ30・SDGs17「目標」の実務、展開に導かれつつ「持続性ある」開発、推進、支援を進めるべきです。それが発展途上国へのサポートに役立つのみならず、環境破壊・資源枯渇の上で破局にも至りかねない人類の地球に優しくする唯一の方法です。

この「持続可能性」の危機、つまり地球社会の危機は、ある一国だけの問題ではなく、人類が直面している世界中のグローバルな課題であり、時間がかかっても必ず解決しなければならない問題です。米国第一の主唱のもと、気候変動に関わるパリ協定を脱退した米国大統領も、このSDGsの合意には賛同の姿勢を維持している（ようにうかがえる）のは、気が付かないEncouragingな（励みになる）こととも思えます。

SDGsの推進の大切さは、学究分野の多くの研究者・グループが押しなべて理解・共感をしており、それらがいっそう明確な研究結果、具体的な方策を見出すことを強く願い、本書がそのためのモーチベーションになれれば幸いと思っています。

地球環境・地球資源に危機が迫っている現在、アジェンダ30・SDGs17の実務・展開によって、世界の人々、そして後世代の人々が、この先もかけがえのない青い地球の恩恵に与かっていけるようにしたいものです。そして、**持続性ある地球環境・資源、人類社会をＳＤＧｓにより実現すべきなのです。**

終わりに、この本の執筆にあたり、数年にわたって毎月ともに研究・検討していただいた環境倫理分科会の佐藤陽一さんをはじめとしたメンバーの方々に、厚く御礼を申し上げます。それとともに、三和書籍と、高橋社長のご見解、ご協力に心底より感謝申し上げたいと思います。たいへんありがとうございました。

地球サステティナビリティを考える会 主宰　安藤　顯

## 参考文献


『環境問題アクションプラン42』（地球環境を考える会、三和書籍　2009）
『人類はこの危機をいかに克服するか』（主筆　安藤顯・瀬名敏夫、三和書籍　2014）
『エネルギー白書』（経済産業省　2018、2019）
『科学技術白書』（文部科学省　2018、2019）
『食料・農業・農村白書』（農林水産省　2018、2019）
『環境白書』（環境省　2018、2019）
『エネルギー白書　2012、2013』（経済産業省）
『国民生活度選好調査』（内閣府）
『世界の統計（2004、2015、2019）』（総理府統計局）
『日本の統計（2004、2015、2019）』（総理府統計局）
『世界子供白書（2016、2017）』（ユニセフ）
『FAO資料』
『新聞ダイジェスト（2013.1〜、2018.11）』
『日本人の知らない環境問題』（大賀敏子、UNEP）
『SGDsを学ぶ　国際開発・国際協力入門』（高柳彰夫・大橋正明編、法律文化社）
『環境問題資料集編（1、4）』（日本科学者会議）
『これからどうする原発問題　脱原発がベストチョイス』（安藤顯、三和書籍　2016）
『こうするしかない原発問題　再生可能エネルギーに舵をきろう』（安藤顯、三和書籍　2018）
『環境倫理分科会議事録』


## 参考Web


「国際連合SGDsホームページ」
「EUホームページ」
「OECDホームページ」
「ウィキペディア」
「東京大学出版会ホームページ」
「環境倫理を考える会ホームページ」

**【著者略歴】**

**安藤　顯**（あんどう　けん）

　マネジメントプランニング代表

　地球サステイナビリティを考える会主宰

東京大学教養学科科学史科学哲学 卒業、コロンビア大学 研修修了、
三菱レイヨンニューヨーク事務所長、三菱レイヨンブラジル社長、
太陽誘電常務取締役、太陽誘電－ドイツ、USA、シンガポール、韓国、台湾専務理事、太陽誘電常勤監査役、
マネジメントプランニング代表、地球サステイナビリティを考える会主宰、
日本経営倫理学会会員

**著書：論文集**

電子機械工業会“電子材料・部品”論文（編集主査）、
“製造工業に於ける収益化の方程式”、
経済同友会経営委員“企業経営論”報告書（1990）、
米国経営倫理学会年次総会への論文提出・同発表、
　　シアトル（2003／8）、ニューオリーンズ（2004／8）、ホノルル（2005／8）
“日本の企業統治・倫理について”（2006／9）、その他論文集（英語・日本語）多数

**著書：書籍**

『アクションプラン42』〈共著〉（2009／4）、『人類はこの危機をいかに克服するか』（2014／7）、『これからどうする原発問題／脱原発がベスト・チョイスでしょう』（2016／10）、『こうするしかない原発問題／再生可能エネルギーに舵をきろう』（2018／11）

# SDGsとは何か?

―― 世界を変える17のSDGs目標 ――

2019年　12月9日　　第1版第1刷発行
2021年　 2月5日　　第1版第2刷発行

著　者　　安　藤　　顯
©2021 Ken Andoh
発行者　　高　橋　　考
発行所　　三　和　書　籍

〒112-0013　東京都文京区音羽2-2-2
TEL 03-5395-4630　FAX 03-5395-4632
sanwa@sanwa-co.com
http://www.sanwa-co.com

印刷所／製本　中央精版印刷株式会社

乱丁、落丁本はお取り替えいたします。価格はカバーに表示してあります。

ISBN978-4-86251-398-4 C3030

# 三和書籍の好評図書

Sanwa co.,Ltd.

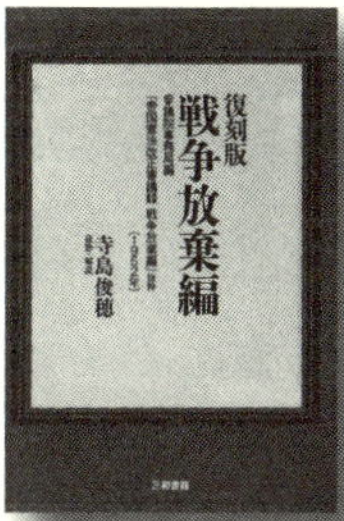


復刻版

## 戦争放棄編

参議院事務局 編

「帝国憲法改正審議録　戦争放棄編」抜粋

A5版／並製／ 400頁　定価：本体3,500円＋税

●日本国憲法施行 70 周年記念出版!!　戦後の平和を守ってきた世界に冠たる平和憲法であるが、今まさに憲法論議が喧しい。そこで原点に立ち返って日本国憲法が生まれた経緯や、その意義について「帝国憲法改正審議録」を紐解く。改憲派も護憲派も必読の1冊。付録として平和憲法誕生の知られざるいきさつを記録した「平野文書」がつく。

## 失われた居場所を求めて

―都市と農村のはざまから現代社会を透視―

祖田　修 著 京都大学名誉教授

四六判／並製／ 248 頁　定価：本体 1,900 円＋税

●非正規雇用 37%、一人世帯 35%という、日本を蝕む貧困と格差。戦後復興を果たして高度成長を謳歌していたのが、いつの間にか深刻な社会状況に陥ってしまった。農村から都市への大規模な人口移動が、孤独の蔓延と居場所の喪失をもたらしたのである。都市は、農村は、どう変わるのか？　そこにあなたの居場所はあるのか？　街と村の相関を見続けてきた筆者が近未来の人々の居場所を展望する。

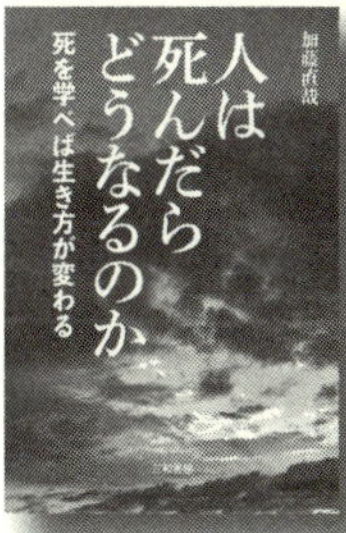


## 人は死んだらどうなるのか

―死を学べば生き方が変わる―

加藤直哉 著

四六判／並製／ 296頁　定価：本体1,900円＋税

●宗教は、宗派が異なれば、死後の世界は全く異なり、宗教をもとに死後の世界を語れば、必ず争いが生まれる。では、どうすればよいのか。本書では死後世界をできるだけ科学的に研究し、多くの人に納得してもらえるよう死の研究において「科学性」と「客観性」を最重要視している。その視点で選択した死生学研究が「臨死体験研究」「過去生療法研究」「生まれる前の記憶を持つ子供たち研究」という３つの研究である。死生学研究は、「死」と「生」の両方の答えを与えてくれる。

# 三和書籍の好評図書

Sanwa co.,Ltd.

## 宮沢賢治再発見！

・賢治の物語を７つの色で分けました。藍色は銀河系、紫色は芸術、青色は賢治ブルー、緑色は自然、黄色は光、橙色は人生、赤色は愛。レインボーカラーで彩られた物語が始まります。
・ユニバーサルデザイン仕様の大活字本
・全文ふりがな付き

## 宮沢賢治大活字シリーズ　全７巻

A5判　並製　平均260頁

・全７巻セット
　定価：本体24,500円＋税
・各巻
　定価：本体3,500円＋税

令和元年 10月配本開始!!

**1. 銀河鉄道の夜**
銀河鉄道の夜／グスコーブドリの伝記

**2. セロ弾きのゴーシュ**
セロ弾きのゴーシュ／よだかの星／水仙月の四日／鹿踊りのはじまり／ガドルフの百合／かしわばやしの夜

**3. 風の又三郎**
風の又三郎／楢ノ木大学士の野宿／種山ヶ原／いちょうの実

**4. 注文の多い料理店**
注文の多い料理店／ポラーノの広場／オツベルと象／ビジテリアン大祭／ひのきとひなげし

**5. 十力の金剛石**
十力の金剛石／ めくらぶどうと虹／ 烏の北斗七星 / 双子の星／猫の事務所／やまなし／気のいい火山弾／雪渡り／カイロ団長

**6. 雨ニモマケズ**
雨ニモマケズ／どんぐりと山猫／虔十公園林／なめとこ山の熊／イギリス海岸／フランドン農学校の豚／耕耘部の時計／農民芸術概論綱要／貝の火／ざしき童子のはなし

**7. 春と修羅**
春と修羅／星めぐりの歌